山本覚馬伝

青山霞村 原著　住谷悦治 校閲　田村敬男 編集

宮帯出版社

本書は、青山霞村著『山本覚馬』（昭和三年・同志社発行）を現代語訳し、改訂増補した『改訂増補　山本覺馬傳』（青山霞村原著・住谷悦治校閲・杉井六郎補遺篇執筆・田村敬男編集、昭和五十一年・京都ライトハウス発行）の評伝および年表を住谷悦治・杉井六郎各氏のご遺族および京都ライトハウスのご了解のもとに復刊したものである。従って、本文中にある地名・施設名は昭和三年あるいは昭和五十一年現在のものであり、時制は昭和三年あるいは昭和五十一年を基準としている。復刊に際しては、本扉・目次・奥付・表紙を新装、現在では使用しない一部の用語を修正し、適宜ルビを追加した。ジャケットおよび口絵の山本覚馬肖像写真は京都府議会、帯の新島襄と八重の肖像写真は同志社大学広報課よりご提供いただいた。

山本覚馬像（京都府議会所蔵）

山本覚馬先生（前列中央）、**兼子重光氏**（上段左）、**新島襄先生**（二人目）、**八重夫人**（三人目・夫人は覚馬先生妹）、**松平容保 会津藩主の子息**（四人目）、**今泉眞幸氏**（中列左より二人目）（会津出身者の会 記念撮影・今泉隼雄氏提供）

序に代えて

――本書を読まれる方がたへ――

戦勝軍が敵の首都、敵政権の本拠を奪取して、政令一途に顕示することは戦略政略の基本原則である。明治二年に明治維新政府が車駕東遷を断行し、百般の政治中枢機関を東京に移し行政の中心として東京を決定したことは当然の歴史的な現象であった。蛤御門の戦、鳥羽伏見の戦の跡の千年の都京都は荒涼たる姿に変り、市民のこころは沈滞した。再び皇室も政治の中枢も京都であろうなどという空頼みはみごとに裏切られ、政治も経済も急速に江戸へ奪われて行き、空虚な皇居、多くの神社仏閣、名勝旧跡は奈良の都の二の舞いを危ぶまれた。怖ろしい戦乱の渦きの記憶におびやかされ、生活の不安と都市としての秩序も混迷するのみであった。こうした危急存亡のとき、市民と行政を統括するような大人物、革新政治家が待望された。槇村正直を中心とする卓抜な行政顧問山本覺馬、これに協力した急進的文化人明石博高とその急進派の若き一団の文化人活動家が京都府民を新しい方向へ導き、旧弊保守的な府民に活路を開かしめることができた。現在でさえも破天荒と思われるかもしれないような革新的な、そして府民の意表に出るような斬新な施策がつぎつぎに実行されることとなった。その成否と功罪は問わるるところが無いとは言えないであろうが、京阪の人びとを失意衰頽から救う方途が示された。新日本の文明開化への扉が京都において開かれた。

青山霞村は言う。「旻天之を憫み、京都の頽廃を救援すべく一偉人を起せり。我山本覺馬翁は是れ也。翁は由来会津藩の一武人、何等の因縁を京都に有せず、明治新都の東京に移るや、当年の偉材は先を争うて之に赴きたり。覺馬翁にして、若し身健に、宿痾の累するなくんば、或は彼も亦、先輩同輩に伍して永久に京洛の地に別離を告げたるやも知るべからざるなり。

たまたま翁は幽囚二年の獄中生活の結果、癒すべからざる眼病と脚疾を獲て、更に雄飛の機会を逸したるは翁の為めには不幸なりしならんも、京都府のためには得難きの僥倖なりき。

やがて府県制発布、地方自治の新制と共に、京都は更に一人材を得たり、後の府知事、槇村正直氏是なり。車駕東遷により、萎微消沈の極に陥りたる京都は、是等の先覚者によりて鞭撻せられ、雄々しくも新興の道程に上るを得たり。

翁が当時の京都府参事たりし槇村正直と肝胆相照し、翁は懇嘱せられて京都府顧問となり、相扶けて新時代に処する府是を定め、万難を排して邁進せり。則ち産業の振興、教育の普及はその標榜する所なり」と。

本書を手にされた方がたに、わたくしの望むところは、先ず本書の目次を一応丹念に眼を通して頂きたいことである。山本覺馬が京都府行政顧問として槇村知事に献策した産業と教育を中心とした斬新な見解と諸施設が概観されることであろう。危機に瀕した西陣機業を救い、産業の開発、博覧会の開催、授産場、牧畜乳牛輸入と搾乳、運輸交通、商業工業など各方面に新文明を輸入し、製革場、伏見製作所の大溶鉄炉送風機、鋳床、円輾盤等々の設置、祇園町を初めとしてのガス点燈、教育の面では良家の子弟のみでなく各所の花街への普通教育の「京都女紅場」における女子教育施設、農学校、農事試験場、種苗、茶の改良、府設の大阪・京都間の電信線布設等、千年旧都の民も新政を謳歌し、その業に安んじて励み、他府県の模範を示したのみでなく、この革新施政にたいしては中央政府も呆然たるものがあったと伝えられている。

維新直後の渾沌たるとき山本覺馬は国民教育、女子教育の急務を高調し、とくに精神教育の重要性を確信し新島襄に共鳴し異体同心となって良心教育、同志社の創立に尽くしたことは天下周知の事実である。山本覺馬は新島襄に面会する以前、すでに京都博覧会（はじめは、明治四年十月、西本願寺内で催されその後第一回として、明治五年本願寺、建仁寺、知恩院、第二回明治六年禁裏御所御苑でその後も同所で毎年開催され、明治十八年にまでおよんだ）にさいし、入洛を許可された外人宣教師たちのうち、M・L・ゴルドン博士と知り合い、漢訳の教書『天道溯原』を博士より贈られ、これに強烈な感銘を受けキリスト教に基づく良心主義の教育の重要性を確信していたのである。

〔注〕山本覺馬は京都博覧会についての主要な外人接待用として英文活字の『京都案内書』**The Celebrated Places Kyoto & the Surrounding Places by K. Yamamoto** を作製した。印刷機はドイツ人教師ハルトマン・レーマンの手を経てドイツから輸入したもので、英文原稿は覺馬の娘婿養子、喜三郎と丹羽圭介により、活字は丹羽の妹と覺馬の妹八重（後の新島襄夫人）が拾ったものであるが、丹羽の妹と八重は恐らく日本最初の英文植字の女子工員であったろう。

山本覺馬は幕軍会津藩士として鳥羽伏見の戦いに敗れ捕えられて薩摩藩邸（場所は現在の今出川同志社キャンパス）に幽閉され、数年前からわずらった眼疾が嵩じて全く失明した。失明するとともに心眼が鋭くなり、人と数分間の応対によってその人物の本質を見抜くと言われた。新島襄の人物やその教育思想に共鳴したこともその一例であろう。明治の大人物と評せられる人びとに多くの知己を有していた。参事槇村正直が京都における小野組との確執で東京での裁判で敗訴となり幽閉されたとき山本覺馬は府市民の声を体して妹八重に負われて政治的元勲貴官を歴訪して遂に釈放せしめ得て、京都府知事に復職せしめたのは山本覺馬の人物の力量であるが、まさに槇村知事の大恩人というべきである。府の衛生課長・局長の時代を通じての明石博高の該博な文化的識見と卓抜な実行力を縦横無尽に揮わしめたのは陰に陽に山本覺馬の深い理解と識見と鞭撻によるものにほかならない。明石博高の功績は彼の詳細な伝記によって知られているが山本覺馬の業績は青山霞村によって伝えられているほか、一つのまとまった著述もない。「右手に為したよきことを左手に知らせるな。神のみ旨をあらわさんがために」という「聖書」の言葉どおりに山本覺馬は自らを公示しなかった。

山本覺馬（一八二八、文政一一年―一八九二、明治二五年）逝きてここに八十有四年、彼の素晴らしい人と業績とは一般に余り知られていない。東山若王子山頂の新島襄墓域に墓は建てられてあるとしても同志社人いがいに詣うでる人も乏しい。ことに彼は中途失明者であって京都府市民のため、その不自由な身体を駆使してあれだけの革新的業績を果したことを想えば強く心を打たれる。

昨年末、盲老人施設の京都船岡寮長、京都ライトハウス常務理事の田村敬男《ゆきお》氏と語っているうち談たまたま人生の中途失明者の問題に触れ、さらに山本覺馬翁のことに及んだ。二人の意見が一致した。昭和三年刊、青山霞村著『山本覺馬』の伝記の文章が現代の読者にはなじまないのみでなく、同書が稀覯本《きこうぼん》にも属していて入手し難いから、これを現代文に書きかえて再刊したいということになった。しかし本書の発行所は同志社である。その版権については、同志社人であるわたくしがたまたま現在、社会福祉法人京都ライトハウスの理事長であり田村敬男氏が同常務理事であるので、法人としては平素から盲人文化と福祉の向上に関して努力している施設であるから、日本の盲人の先覚者の伝記と業績を紹介し社会の盲人への偏見を除去し、さらにまた後進の盲人に対し発奮の資としたいという意図を具申し、とくに同志社の創立について新島襄先生と協力したのみでなく京都と日本の恩人として教育、文化、産業の全面にわたって貢献した山本覺馬翁の追慕と謝恩の志とをもって全国二十七万の盲人の規範としたい所存である旨を述べ、格別の詮議をもって、本書の版権を社会福祉法人京都ライトハウスに無償譲渡して戴きたい旨をば学校法人同志社へお願いした。幸い快く上野直藏総長名によって許可された。直ちにわたくしら両名は本書改訂版の作業に従事した。出版への詳細な事情は巻末に田村氏が詳述されているので是非御一覧を乞いたい。

なお本書改訂版の公刊についての現代的な意義といえば、明治維新直後の京都とほぼ同様な悲惨な状態に陥った京都と京都府市民は、その真相こそは相異していても、革新府政の推進とともに府市民の自主性公共性の自覚において立ち上がり、文化新京都を建設しなければならぬことにおいてはまさに同様な歴史的状況におかれていた。この府市民の待望を受けて出現したものが蜷川府政であった。

新憲法の精神を府市民の生活の中に活かすこと、伝統産業の振興と農山漁村の生活の新展開と資料館による歴史的遺産の尊重と学校教育への新建設と文化の向上発展等々、いま府市民は活力をもって革新的展望のうちに立っている。明治維新直後の槇村＝山本の府政は、百年後に現代的新装をもって敗戦後の劣弱感と依頼性から脱却して、蜷川府政によって再生しているかの観がある。歴史は新しい継続と再生と発展をもって螺線的に展開して現在に到った。その歴史的意義を想望しつつ、蜷川虎三知事の序文を得たことはわれらの喜びとするところである。〔本書では割愛した〕

この改訂版については多くの人びとのご協力を得ねばならなかった。第一に版権無償譲渡に関しては同志社本部庶務部長園部望氏の特別な好意あるお取計らいを戴いたことを深く感謝し、さらに著者青山霞村氏の後継者青山策馬氏のご存命と御住所を、また原著の下書き執筆をされた元同志社大学予科教授竹林熊彦氏の次男竹林春彦氏（同志社工業専門学校電気科卒業、現在桃陵中学校教諭）の御所在のことをもお調べ頂いたのみでなく、竹林熊彦氏は府立盲学校点訳友の会の会長であったこと、夫人友子氏は自ら坪田譲治の著書を点字訳されたということまでお調べ下さった。そして青山策馬氏、竹林春彦氏とともに今回の『山本覺馬』伝の改訂版の出版について賛同されている旨までお伝え下さった。感謝と喜びに堪えない。

本改訂版について現代文に書き替えることについては深尾千代子さんのご辛労を煩わした。読み難い漢文については同志社高校教諭上野務氏に、漢詩読みくだしについては同志社校友伊東賢治氏に、各種貴重な資料については同志社校友生島吉造氏、今泉隼雄氏、同志社社史史料編集所長杉田荘作氏、同志社大学人文科学研究所杉井六郎教授には補遺篇並びに山本覺馬年譜のまとめを煩わし、また本伝並びに補遺篇の校正については同志社大学大学院文学研究科山本幸規氏の協力を煩わした。ここに記るして、あつく感謝する次第である。申し添えるまでもなく本書の改訂版作成の最初から田村敬男氏は不自由の身体をもって杖にたよりつつ、山本覺馬とその関係文献と写真と資料ありと聴けば、その所在を尋ねて何処までも足を運び、労苦をいとわず収集し、整理編集して下さったことは筆紙に尽くし難いほどであるばかりでなく、数十年来のわたくしの敬愛する僚友であり協力者であることを茲《ここ》に改めて銘記しておきたい。

一九七六年四月一日

住谷悦治

編者の言葉

この伝記は竹林熊彦氏執筆の稿本を基として改編増補したもので、その編纂と刊行とは谷村一太郎氏の援助によったものである。

山本先生の伝記は往年一度編纂されかけてそのままになり、十年ほど前、さらに竹林氏によって一つの稿本が作られ、でき上がった稿本は同志社主事廣瀬重次郎氏が所持していた。一昨年廣瀬氏がその稿本出版のことを谷村氏に相談された時、谷村氏は出版するための世話を承諾されるとともに、その稿本を改編増補することを希望された。それで廣瀬氏はその担任者について中村榮助氏に相談されたところ、中村氏がわたくしを指名したのでわたくし方に来られた。そこでわたくしはその稿本を基とし、わたくしの気づいた方面の資料を集めて、増補改編したのである。谷村氏は資金面だけでなく、編集印刷についてもいろいろと助言してくれた。この書を公にすることができたのは実に谷村氏の好意によるものである。着手いらい、わたくしにいろいろ有益な資料を与え、また、助言してくださった人びとは十五、六名にものぼるが、その名を出してはかえって迷惑がられるかたがあるかも知れないので、いちいち名を挙げずにここに御礼だけを申しのべておく。

なお、本書の題号「山本覺馬」の文字と、「縁木求魚」「相應斎」の印影は西周の『百一新論』にある山本先生の序文の署名を写したものである。

昭和三年五月二十六日

同志社校友

深草青山霞村

目次

小野組転籍事件、槇村大参事の拘禁とその釈放運動……122
●官軍の勘定方小野の功労　●金融難と岩倉、大隈諸公の救済　●小野の転籍請願と出訴　●府庁と裁判所の喧嘩　●長閥と江藤新平の争いとなる　●顧問の槇村釈放運動　●名妓お千代を中に槇村と北畠治房のさや当
フランスへ留学生派遣……127
●中学と師範学校から八名選抜　●フランス語学校　●富井政章博士の苦学　●菓子屋の息子稲畑勝太郎　●西洋人の妻をつれ帰った佐藤友太郎
新施設の廃絶、失敗、犠牲……130
●疏水事業の犠牲　●中学校を本願寺の慈悲で維持した府教育の汚点　●農耕事業の失敗　●江藤新平の乱で山本先生の桑苗がうれぬ　●伏見の鉄工所韓国政府に十四万円倒され倒産、徳大寺家々来の切腹　●明石博高零落　●山本先生の配下朝鮮事変に討死
同志社創立その他……135
●新島のつたない英語の雄弁　●アメリカ伝道会社　牛に引かれて善光寺詣　●木戸孝允と勝海舟が新島を紹介　●宣教師が『天道溯原』を先生に贈る　●同志社の広告文　●理学士レールネデ　●京都最初の演説会　●北垣知事も府政の相談　●疏水の資金は山本先生の入知恵

京都府会議長……144
●最初の府会議員人名　●開会式と閉会式　●会場は中学の講堂　●挿話　●府知事の不法徴税
●府会内務卿へ上申　●槇村府知事屈服
先生の経済思想……154
●金本位と中央銀行論　●松方大蔵卿驚く　●松方の紙幣消却と先生　●ビスマークの経済論を称賛　●西郷の敗北を予言　●貨幣の単位は五十銭以下　●貨幣は鼠　●日本は将来問屋がよい
家庭と講帷　晩年……159
●宅は新門辰五郎の家、月給四十五円　●正妻、貞節な侍女、次女が徳富蘆花『黒い眼と茶色の目』の娘　●母さく子、夫と三男とに死別　●妹の新島八重子夫人のモダンぶり　●学生の反感
●反八重子党の徳富猪一郎ら　●聴講者松本道之、藤村紫朗、濱岡光哲、田中源太郎、中村榮助、大澤善助、雨森菊太郎、垂水新太郎らのこと　●晩年
山本覺馬先生の逸事……168
●一喝刺客をしりぞける　●収賄を警める　●捕縛に値する急進　●槇村も牛乳を飲む　●象山先生を追慕　●刀剣の鑑定に妙　●その他
山本覺馬年譜

緒　論

京都敗退後の会津代表者　会津小鐵と山本覺馬　会津の小鐵のこと　小鐵の紋章は大澤家の大の字くずし
西洋文明の全部を把握した先生　会津兵学の祖は竹田の浪人　槇村大参事の拘禁と知事弾劾の二大事件

王政維新の際、意気のためとはいえ、大義名分を誤ったため、東北の雄藩、京都守護職として、西国大名や尊攘の志士を威圧していた会津の勢力は京都から一掃されてしまった。維新後京都で会津を代表した者は会津の小鐵と山本覺馬の二人しかなかった。会津の名は政治的に、社会的に全く日本でも忘れられてしまったが、それにもかかわらず、明治改元二十年後まで会津の名が京都の人びとの口にのぼったのは、会津の名をもっていた剛胆不敵な小鐵という侠客が、しばしば京都人の心胆を寒からしめたからである。会津の名は小鐵によってつがれていたのである。京都の人は小鐵の血なまぐさい喧嘩によって、往年天子様のために働いた浪人を、新撰組と手を連ねてひどい目にあわせた会津を思い出していた。近畿の人は会津はさすがに威武を重んじた雄藩だけに、小鐵のような強いおそろしい奴を生んだと思ったのである。

明治から昭和の今日までの京都の侠客史は、北白川に龍のようにわだかまっていた小鐵と、伏見墨染に虎のようにいばっていた九条寅との両勢力の抗争史である。のちには全国的の大親分といわれた伏見の勇山も小鐵の子分で彼が若い時九条寅の子分になぐられたと聞くや、小鐵側が直ちに結束して伏見に下り、墨染をわざとさけて、会津兵学の祖長沼澹齋(宗敬《むねよし》)の墓がある山野町にいた子分長五郎の家をたたき壊し、今にも墨染へ引き返して九条寅の家を襲おうとしているというので近隣の人を戦慄させたこともあった。小鐵の死後も京都の血なまぐさい闘争はこの両派の闘争史であった。日本最初の普選に立候補した増田某は勇山を通じて小鐵の孫分である。会津の小鐵の名はその名だけでも京都の侠客ばかりでなく、京都の市民の畏怖でもあった。そうして彼の名は今や講談本や通俗雑誌にも表われている。こんなに会津の小鐵の名が高かった京都で、同時に、識見においても力量においても真に会津の雄藩を代表し、黒幕の裏に坐って京都人を指導している人傑があったことを多くの人は知らなかった。今も知る人がすくない。目は見えないながら、急進的な、いわゆる文明開化の新施設によって京都人を驚かせ、足は萎えていながら知識を世界に求め、中央政府を後に驚異させた会津の先覚者わが山本覺馬先生を説く者が割合少なかったのである。

会津の山本覺馬のことは話されないで、会津の小鐵が人の口にのぼった。その会津の小鐵とは会津の人物、会津生まれという意味であろうか。人はそう思っているがそうではない。彼は大阪のある被差別地域の出身だということである。松平容保が京都守護職の時、ある日十四、五歳の少年が会津屋敷の仲間部屋に駆け込んだ。そして現に悪事を働き捕手に追われていることを告げて、彼を生かすも殺すも仲間の手にある。好きなようにしてくれと素裸になった。仲間達はおもしろい奴だ、助けてや

松平容保　会津藩主で京都の治安維持のため守護職となった

るから、今後悪事をしてはならないぞと、そのままかくまってやった。早速会津の印入のはっぴを着せたところが、大き過ぎるので縫い上げをして着せてやった。この少年が後の小鐵である。この会津のはっぴを着出したのが会津の小鐵の由来である。

そのころ、京都の人で会津屋敷へ用達として出入していた大澤清八という者がいた。この大澤夫妻がその少年を引き取り、夫婦して会津の小鐵に育て上げたのである。大澤清八は大澤善助の養父である。清八は物のよくわかる人であったから、養子からキリスト教の話を聞くと、養子よりも先に洗礼を受けて教会に入った。小鐵が全国に名を鳴らした大親分になった時、その子分が皆、大の字の両脚をくずしてひょうたんの形にした印ばんてんを着ていたのは、その印を大澤の大からとったもので、小鐵が大澤の恩義を忘れなかったしるしにしたものである。

これから書こうとする山本覺馬先生と大澤氏とは会津屋敷いらいの知人であり、大澤氏と会津の小鐵とは前述のような縁故があるが、新島・山本両先生の創立された同志社の学生が、大澤氏に育てられた小鐵に世話になったこともある。会津若松の牧師金子兼光氏はその一人である。また、偶然に同志社の学生が小鐵に助けられた話もある。同志社の歌人池袋清風の日記に「昨夜ハ四五名同伴大文字山ニ行キ其内縄田清太郎山ノ麓ニテ蝮《まむし》ニ咬マレ忽チ腫レタルヨリ白川ノ小鐵ガ家マデ辛フジテ達シ車ヲ乞フモ何車モナク其間人ノ車ニ載リテ来ルヲ小鐵カ其子分カガ其人ヲ強ヒテ下ラシメ其車ニ載セテ三条辺ニ蛇毒ヲ療スル有名ナル老婆アルニ往キシニ老婆ハ仏信者ニテ慈悲心ニテ無償ニ之ヲ療シ毒歯五本肉中ニ入リシヲ三本ハ取リシ由、其蝮ハ同伴ノ西村ニ殺サレタリト。」あたかもリットンの小説の中にありそうな記事がある。普通の人では乗客をむりに車から降ろさせるようなことはできないだろう。

さて、維新の時京都に留まって会津の人材を代表された山本覺馬先生の生涯は大体三つに分けられる。第一は旧幕時代、第二は京都府の顧問となり、また、最初の府会議長となった期間、第三は同志社を創立し政治的生涯から隠居した後である。この第二期は俗にいう分別盛りの四十歳ごろからの十年ほどの間で、最も精彩のある華やかな部分である。

先生の内部生活、精神的経過も右と同じように三つに分けられる。第一は物の外面を見た時、第二は観察が精神的に転向した時、第三はそれが霊界に飛躍した時、といってよかろう。徳川の中期から梅一輪ずつの暖かさで徐々にその気運を作り、ついに明治の文化を開花させたのは蘭学であったが、その蘭学は主として蘭法医者や砲術家によって伝えられ修められたもので、京阪地区の蘭法医者では緒方、江馬、新宮の先覚者があり、砲術家では高島秋帆、江川太郎左衛門、佐久間象山、勝海舟などが有名である。山本覺馬先生は幸いに砲術の家に生まれ、砲術を研究し、火器とともに入って来た蘭学を学ばれたのである。すでに蘭学を学んだ以上は、医者でも砲術家でもその専門以外に別に一層広い知識の世界が眼前に展開して来ることは自然のなりゆきである。先生は砲術によって西洋文明の智と力とを知った。そしてこのような器械を発明する人間の社会制度に眼をつけた。これがすなわち先生が政治や経済の研究に取組んだ動機である。武断の兵学・砲術から文治の法律財政に進んで来たものは、さらに一層精神的な性法学、すなわち法理学になった。そして、そのつぎにはあるものに触発せられて霊界への飛躍となった。多くの人は第二段まで来てそれに止まるが、先生は西洋文明の全部を把握するに到ったのである。

会津藩は古来尚武の気風が盛んで「会津の投槍」の語は遠く上方にも歌《（ママ）》われ、山本先生が同藩士たちとともに講義された長沼流の兵法は会津藩が模範とした兵学である。この兵学者は城南竹田にいた浪人で、その墓は兵学者にふさわしい伏見城の外濠の内側にある。天保年間、会津侯はその墓を修理し大学頭林衡先生の撰文を得てその側に碑を建てた。その撰文は

会津侯伻来謁余曰、吾祖中将以寛永中、命徙封会津、会津東北之鎮、世雖又安、備不可弛、恒揀戎馬閲器、子孫循守無敢墜焉、及不肖之身、軍政多採長沼処士者成法。処士亦有較猟以寓練制、今已施用、夫用其法而遺其人可乎、今者為置暮田、以充時享、願得子之文、掲於其墓、敢請、余乃受事状、経緯之曰、処士諱宗敬、初名廣敬、号澹齋、長沼宗政之胤也、其先出小山結城氏、中世有守長沼城者、遂以氏焉、祖山城君諱廣輝、当永祿元亀之際、嬰城戦没、闔門離析、其第六子諱廣次、是為処士之考、処士幼穎敏、知嚮学為文章、号称奇童、治長器識弘遠、践履敦篤、又喜談兵、古今韜鈐靡弗博究、至軒轅握奇武侯八陣、恍然有悟、自以千載不伝之秘、於今発焉、又聞泉州隠士渡邊酔庵少臨戦陣練習其事、乃訪質攻守之法、其余聞有身歴戎馬者、輒必往問之、旁摭明人戚愈之説、参互綜錯、汰択会萃、別創一家言、著握奇八陣集解一巻、乃所謂千載不伝之秘在焉、又有兵要録、分篇五、曰兵談、曰将略、曰練兵、曰出師、曰戦格、凡二十巻、其登載裁度、時宜事取試効、又有四則之訣、此為最後秘授焉、当時従学之徒、後先数十百人、処士之論兵、恒以義戦為主、貪利争名、其

取深戒、故與世之以兵学相標榜者、洵異門蹊云、処士以元祿三年十一月二十一日病没城州伏見郷竹田村享年五十有四、葬東山栄春寺後邱、享保中大君命其遺書、謁覧嘉賞、可謂死有余栄也、衡曰嗚呼澹齋於斯術、殆所謂択而精者耶、不然其法與説、行於百歳之後、能如此乎、会津侯用其法、而不遺其人、四時之享為千秋計、其於所崇可謂厚矣、夫澹齋且不遺、況其閥閲功宗乎、故不拒其請、乃撮概略、使勒之貞珉。

会津侯の使者が私の所へやってきて申すのには、「われらの祖先中将は寛永年間、命により会津に移封されました。会津は東北の鎮めであり、世の中が治まり安穏だといっても備えをゆるがせにはできませず、常に軍馬を選び、武器を整備してきました。子孫代々このことを守ってきましたので、衰微することもありませんでした。私の代になって、軍政は多く長沼処士なる者の法を採用しました。それは処士が武技を比較研究し、兵制や訓練に心を用いていたからであります。彼の兵法は今日も用いられているのですが、一体その法を用いてその人を忘れてよいものでしょうか。今、処士の墓地は用意され、適当な時機に祀られるのを待っている状態です。どうか先生に碑文を書いて頂いて処士の墓に掲げたいものであります。宜しくお願いします。」と。

そこで私は処士の事跡を記した書類を手に入れ、次のようにまとめあげた。処士、諱は宗敬、はじめの名は廣敬と言い、澹齋と号した。長沼宗政の子孫である。その祖先は小山の結城氏から出ている。中世において長沼城を守っていたものがあったが、その人が長沼を姓としたのである。その祖山城君、諱は廣輝という人が永祿元亀の乱に際して城を守って戦死したので、一族は残らず離散してしまった。廣輝の第六子、諱は廣次という人こそ処士の父である。処士は幼時から才知が秀いでて、学問に心を向け、文章も作り、奇童とたたえられた。成長するに及んで、その才器知識は大きくなり、その行いは誠実であった。また兵法を論ずることを好み、古今の兵法で究め尽くさないものはないほどであった。黄帝の「握奇」、諸葛亮の「八陣」に至って、はっとして悟るところがあり、千年もの間伝わらなかった奥義がここに明らかにされたのである。また和泉国の隠士渡邊酔庵が若くして戦陣に臨み、兵法の習練を積んでいると聞いて、訪ねて攻守の法を質したこともあった。そのほかにも歴戦の士がいると聞けば必ず行って質問したりした。また広く明国の人戚愈の説をも採り入れ、綜合選択して、別に独自の見識を示し、「握奇八陣集解」一巻を著した。それこそ千年も伝わらなかった奥義がここにあるというものであった。また「兵要録」を著し、兵談・将略・練兵・出師・戦略の五篇に分け、合わせて二十巻とした。その内容は、程よくまとめられており、時宜にかなうことを取り上げ、効を試そうとするものであった。また「四則之訣」という書も著したが、これが処士の最後の秘伝となった。当時彼について学ぶ者は前後百人にも及んだ。処士の兵論は常に正義の戦いを主としており、名利を貪ることは深く戒めとした。それ故世間一般の兵学を看板とする者とは類を異にしていたのである。

処士は元禄三年十一月廿一日、山城国伏見の竹田村で病没した。享年五十四歳。東山の栄春寺の背後の丘に葬られた。享保年間に、将軍は彼の遺著を取り寄せてご覧になり、おほめになった。死してもなお残る栄誉と言うことができる。

私はたたえて言う。ああ、処士澹斎は兵法においてこの上なく精妙であったというほかはない。もしそうでなければ、彼の法と説とが、百年の後もなお行われるということがあり得ようか。会津侯は処士の兵法を用い、しかもその人を忘れず、四時の祭礼を恒久の行事としておられる。崇敬の志まことに厚いといえよう。会津侯が、この処士澹斎のことを忘れないとすれば、まして顕著な功績閲歴あるものを忘れることはあるまい。この故に私は侯の求めを断らず、概略をまとめて碑石に刻ませたのである。

会津藩の尚武忠厚の風はこの碑と文とによって窺われるが、維新の際、徳川氏と共に覆没の悲運にあったのは人力ではどうしようもない運命であったといわなければならない。

山本覺馬先生が藩をとじ覆没の渦に巻き込まれた後、独りその旧舞台に浮上がって、縦横にその知恵と才覚を発揮された公生涯中に起こった二つの大事件がある。一つは小野組出訴事件、一つは府知事の不法弾劾事件である。前者に関しては、先生が被告側から槇村大参事を救い出すための消極的行為であり、後者は検事として槇村の非法を弾劾されたものであるが、局外から観て何れもわが国の民権伸長の上に重大な意義のあるものであった。小野組事件はこれによって、どんな大官でも、人民の自由を束縛し、権利を侵害してはならないということが、まだ官尊民卑の深かった時代に、明白にみせつけられ、弾劾事件は法治国であるわが国では、地方で帝王のようにふるまっていた府知事も、非法の横車を押すことができないという実例をみせつけられたので、民心に及ぼした影響は決して小さいものでなかった。そうしてこの劇的光景は長く忘れてはならないものである。

府の首脳である槇村が禁錮されて帰って来ない。府当局は大あわてである。首脳がこれでは、手足が行って何の役に立とう。そこで当時の大官の間に信望のある山本覺馬先生のほかに、その人はないと、先生を槇村取りもどしの任に当てたので、先生は妹にたすけられて直ちに東上され、妹に負われて有力者の家を歴訪し、熱意をもってその説得にあたられたのである。そして日本最初の行政裁判を開かせ、後にその裁判所長官で終わった槇村を取り返したのである。盲目の顧問が妹に負われて傲慢な上官取り返しに駆け廻ったとは何とした劇的光景であったか。盲目の巨漢が府会の議長席にいる。その眼下満場の人びとは議事法も知らないので彼の門下生同様の人たちである。その巨漢が見えない盲目でありながら満場をにらみつけ、府の役人どもを叱咤し、ついに尊大な府知事をあやまらせた劇的光景はカーライルの史筆をもって描かなければならなかったものではないか。英国の失明の政治家フォーセットのことは語り伝えられているがこのようなことはなかった。けっきょくこの事件が地方議会でのことであったから、日本国民が知らずにいるが、これが帝国議会だったらどうだったろう。先生は民権伸長に重大な意義のあるこの劇的光景を遺してその政治舞台を永久に去られたのである。

少年時代　壮年時代

母の訓育　群小児と乱闘　九歳で馬を洗う　毎日薪を採る　訓育の一例　撃剣槍術の堂に入る　侠客を手討　佐久間象山・勝海舟らに就く　蘭学所と兵制改革　上洛

贈従五位山本覺馬先生は会津藩士　文政十一年一月十一日土手内の屋敷で生まれた。父は山本權八、母はさく、先生は初め義衛と称し良晴と名のられた。甲州の軍師山本勘助入道々鬼齋の遠縁ということである。藩主の保科氏が武田氏と縁故があったので、藩士に甲州侍が多かったのも道理である。家の格式は黒袖席といって上士であったが、祿は極めて薄く十人扶持に過ぎなかったから、幼時から非常に辛酸をなめ、困苦の中に成長された。幼少からすでに逸材のひらめきがあったのは多くはその賢母の訓育と感化によったものである。先生の家は生計の助けとして野菜畑を作っていたが、ある朝だれかが夜の間にその野菜を盗んだことが分かった。おそらく子供のいたずらだろうといわれたのに、先生は「いや大人の所作に違いない。ご覧、この足跡は子供のではない。」といわれた。これは先生の七、八歳の時のことである。

同じく幼少のころ、近所の子どもとの喧嘩で、祖母が心配するほど生創《なまきず》が絶えなかった。自分の刀が短いので、祖父に大小を貸してほしいとせがんだので、祖父は鞘のままならよいが、決して抜くなよといって貸し与えた。先生は喜色満面、意気揚々としているのでそれを見た近所の子どもたちが憎み、風が吹いたとわざとつき当って喧嘩を挑んだので、げんこつが飛び口角が裂けるといった乱闘となり、先生は刀の鞘のまま相手を打ちのめして家へ帰り、台所で、髪を結い直してくれ、おれが悪くはなかったのだと叫ばれた。そこへ乱闘を見ていたものが来て、相手がまちがっていることを先生のために弁解した。

また九歳の時、先生は独りで馬を洗うといいはったので、家の人は許しはしたが、やはり案じてひそかに後をつけると、先生はやがて馬を河の中に乗り入れた。下りる時どうするかと見ていると、少し小高い土手のところまで手綱をとって行き、そこで下りて十分に馬を洗い、また前の土手のところへひいて来て馬に乗り、意気揚々として帰って来た。先生の鋭い判断力と、そして周到な用意とはすでにその頃からその一端をあらわしていたのである。

毎日風呂へ入りたいと朝は六時前に起き、稽古場へ行く前に一里半もある持山で薪を採り、母が掃除のために機が織れないというと代わって掃除し、そういうことが長い間つづいていた。

前述のように先生の聡明さは母堂の訓育によったものである。かつて先生が終日山野を歩きまわって帰って来た時、母堂は炊きたての飯を小さい櫃に盛ってさし出した。櫃があまり小さいので、先生は腹立たしげにこれだけしかないのかと詰問された。ところが母堂はおちついて足らないと思うならまだここにもあるからと、大きな櫃を開けると湯気がもうもうとたちあがってきた。先生は気持ちをとり直して飯を食べたが小さい櫃だけのが食いつくせずに、箸を投げ出した。母堂は遠慮しないで、もう少しどうかと大きな櫃を出すと中には飯がなくて、ただ熱湯があるばかりだった。母堂は先生を呼びよせ、懇々と訓えられたことには、お前たちは足るということを知らねばならない。自分らは常にお前たちが飽くだけのものは用意してあるがいくらお前がひもじく思ったとしても、これより余計にいらないことはよく知っている。けれども不満に思わせるのはよくないと思ったからこうしたが、これからは気をつけて足るということを知らなくてはならないと。これは訓戒の一例に過ぎないが、先生は晩年になるまで、自分は母の聡明には及ばないと語っていた。

このようにして母堂の教育法は頭から抑えてかからないでその意志をよく導くことに努めていたものである。常に戒めていわれるには、決して自分からは仕かけるな、けれども先方から争いを挑まれた場合にはあくまで対抗して、ただ自らを守るだけでなく、進んで勝利を得なくてはならないと。先生の後年の行状や閲歴を考えると、この母の訓戒に負うところが大きいように思われる。

やや成長しては気が大きく奔放で、人並すぐれて豪気で、藩校日新館で専ら武芸を学んだが、撃剣や槍術は奥義に達しえた。会津藩は尚武の気風が盛んで武芸が大いに行われたがその間にあっても、先生は群を抜き、対抗する者はほとんどなかった。ことに槍術は精妙の域に入っていたことは、晩年になってからもいつも自慢話をしていたくらいである。二十歳をこえるころには、純然たる武人としてたつ意気ごみだったらしく、前半生もまた武士の手本であった。頭には総髪の大束髪を結い、月代《さかやき》は剃らず、ツンツルテンの袴をはき、木綿のブッサキ羽織を着て、腰には大刀造りの大剣を帯び、鉄扇を手にして街を濶歩していたようすは、威風堂々として人を圧する趣があったと伝えられている。

先生が二十歳余りの時、杉本某を訪問し、閑談していた所へ、一友人が来て某を門前に呼び出し、約束を違えたことを責めて一刀のもとに斬り捨てた。先生はその声を聞いて席を立ち、少しもあわて騒がないで、徐々に事の始終を尋ね、加害者を家まで送り届けたが、おちついた挙動は武士の道にかなっているといって、何のとがめもなかった。

また二十五、六歳の時、ある夜、会津の東山温泉に入っていると、一侠客が先生を軽べつして無礼をはたらいたので、先生は大へん怒り、手早く着物を着て戸外に出て、帰路を待ちぶせ、腰の大刀を抜くや否や、肩先から一刀のもとに斬り下げ、御目附へ唯今武士に対し無礼を加えたから、手討いたしました。そこでお届け申すと届け出た。先生の剛毅な一例である。

五歳で唐詩選の五言絶句を暗誦するようになったが、先生は文事にふけることをきらい、読書家が何になるかと藩学にいても、書物を読み文学を学ぼうとはしなかった。後に兵学を学ぶようになったが、長沼流の講義がわからなかったことから、きっぱりと今までの考えをかえて読書をするようになった。当時会津で林権助（全権大使の父）という偉大な人物が、才能のある子弟を教育していたが、先生もまたその指導を受けた一人であった。嘉永六年の夏、林が江戸へ出府を命ぜられると、先生も随行を命ぜられて、砲術の研究に従事した。当時江戸ではすでに洋式の砲術が行われていて、教授するものもあったので、先生は彼らの門をたたいて修得につとめ、自ら銃砲の鋳造製作まで実習し、実用化を企画された。同時に兵学の重要性を考え、先覚江川太郎左衛門、佐久間修理（象山）、勝麟太郎（海舟）らを歴訪してその説をきき、洋式兵術を学ぶには原書を

象山自作写真機による肖像写真

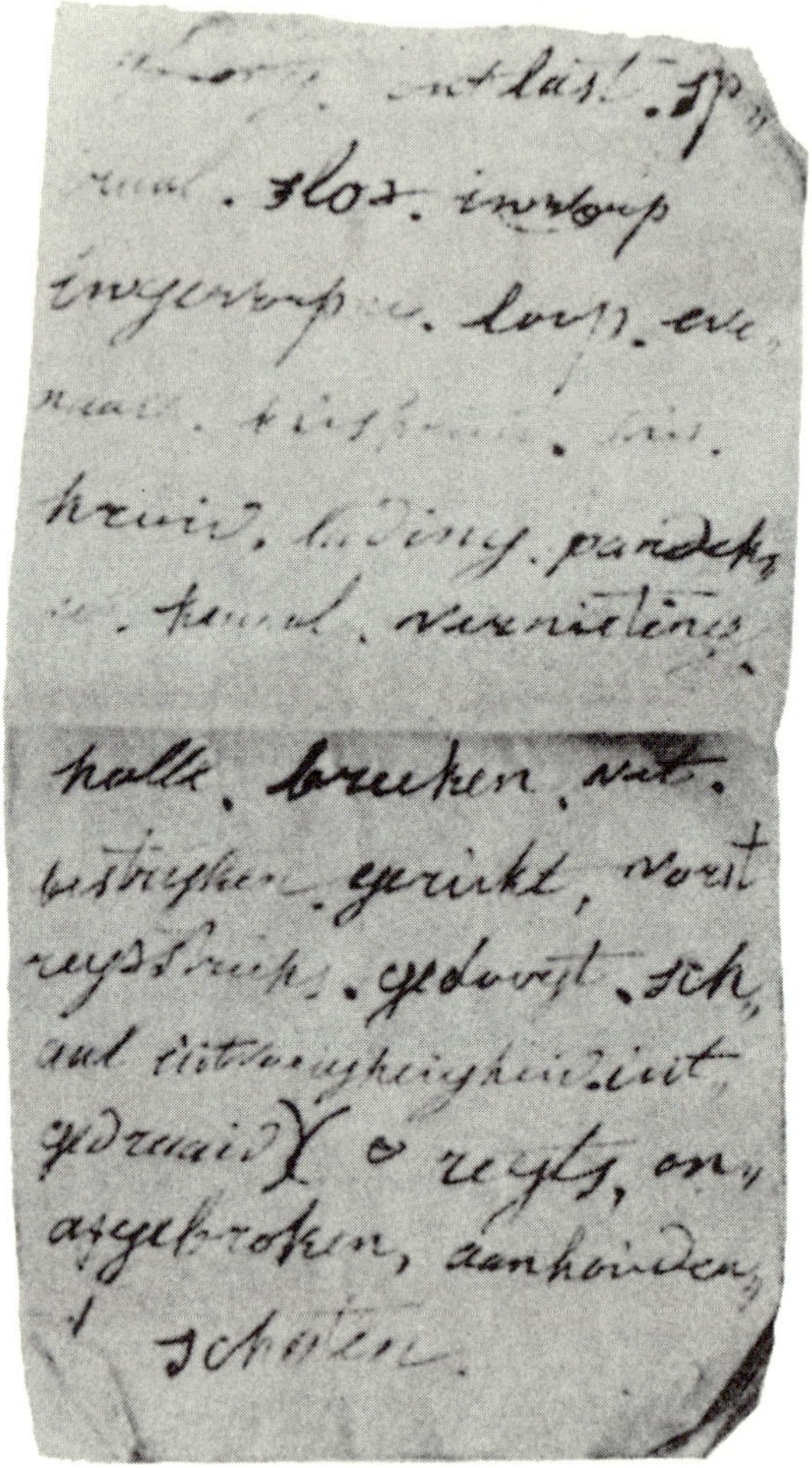

象山のメモ帳

読まなくてはならないと考え、大木衷域の門に入り、日夜ア・ベ・セーの誦読に力を入れ、蘭書の訳解に専心されたが、何分晩学で進歩もおそく、主として「三兵答古知機」すなわち、歩兵・騎兵・砲兵の戦術の翻訳により、あるいは諸家の口授直伝により学ばれた。けれども実技はいたってすぐれていて、操練はもちろん、銃砲の射撃はすばらしく、ゲーベル銃で三百ヤードの距離から百中八十五まで的中した。そして自ら着発銃を発明した。

二十九歳で帰国したので、藩主は先生を日新館の教諭に任命、新たに蘭学所を設けて先生に藩の子弟の教授に当たらせた。当時鎖国攘夷の論が内外に叫ばれ、雄藩はいずれも武術を奨励し、進歩主義の鍋島閑叟公でさえ「海国団結意気豪、宝刀飽膏日本刀」と叫んだ時代であったから、遠く都をはなれた会津などは、なかなか頑固なもので、家伝の宝蔵院流の槍術で外夷の堅陣を突破する意気ごみで、先生が兵器の改良を提議し、火縄銃を廃止して洋式を採用しようとすると強く反対した。先生は激怒して抗議しそのため過激なことばも出たため、一年ばかりも禁足を命じられた。しかし、先生の志はこれに少しもめげず、ますます勇をふるって百方人に説得されたので、時運を知る賢明な林權助らの諸重役は先生の意見を採用し、藩主も先生の労をねぎらって軍事取調兼大砲頭取の重任を命じ、職俸十五人扶持、祐筆の上席に座ることになった。それで日新館に射的場を設け士分以上の者は洋銃の練習を命ぜられ、先生は師範役として射的を教えた。使用の銃は江戸で作られたゲーベル、ミュンヘルのほか、先生が親しく会津の鍛冶屋に教えて造らせたものもあった。

それまで銃隊は足軽がなるのが普通だったが、先生の首唱で組織が一変してしまった。旧友の中には先生の西洋化を喜ばない者があり、先生に議論を吹きかけ、鉄砲なんか足軽の取り扱うもので武士の手にすべき武器でない、野蛮人の兵法がなんだ、短兵接戦はわが国の長所じゃないか、その長所を捨て、彼の短所を学ぶのは愚かなことだとつめよった。先生はこれに対して君らは剣や槍の鋭さを知っているが、まだ鉄砲の利点を知らないのだ。わたくしは両方を比較研究して、その上で西洋の兵術が勝れていることを悟ったのだ。疑う者は剣なり槍なりをとって立ち合ってみよといわれたので、誰も返すことばがなく引きさがった。このように頑固者流を屈服させて兵制改革を断行するにいたったのは、先生が口先だけでなく、また、いたずらに流行を追う軽薄者でなくて、熱誠と実際とで反対派を心服させたからである。蘭学を会津に輸入したものは、全く先生であり、先生はみずから子弟を集めて、文典を講義した。もっとも江戸藩邸にも蘭学講習所があって、有志の子弟に教授していたが、その教師はのちに有名となった神田孝平であった。

幕末の風雲いよいよ急に、京都へは諸藩の勤王家が入りこんで盛んに尊王攘夷を唱え、過激派は日夜公卿の門に出入して討幕を実行しようとし、物騒がしかったので、藩主松平容保は幕府の命によって守護職に任ぜられ御所を守護し、市中の鎮圧に当たることとなった。それで先生もまた選ばれて京都詰めとなり、元治元年二月上洛することになった。

京都勤務

御所警衛　洋学所開設　蛤御門の戦　男山へ偵察　鷹司邸砲撃　長軍潰走　練兵場新設　勝海舟山本先生に説く　大政奉還　将軍下阪、先生在京

山本覺馬先生が入洛した時は、薩長その他の諸藩が兵を出してにらみ合い、勤王の士、佐幕の徒が市中を横行して昨日も斬り合いがあった、今日も殺されている、という混乱と恐怖の時代であった。それで先生は藩主に進言して、少壮で勇敢な者を選んで砲兵隊を組織し、みずから師範として彼らを操練し、事変に応じる用意をしていた。当時御所を警衛していた諸藩の中で、砲兵隊を持っていたのは、薩藩と会津藩だけであった。文久三年孝明天皇が警衛の諸藩の兵を召して上覧になった時、あるいは甲州流、あるいは長沼流の装備をし、よろいかぶとで長槍をさげ大刀を帯びて行進するようすは、勇ましくまた華やかであった。先生も部下を率いてこれに参加し、天顔に浴する光栄を得た。このとき会津藩の兵ばかりは他の武者人形式の行進をやめて、素肌に洋式の銃をもち、破格の行進をしたということである。

このような物騒がしい間にも先生の好学の精神は、藩主を動かし滞在中の藩士のために西洞院上長者町上る西側の一向宗の寺を借りて洋学所を設け英学と蘭学とを教授させ、門戸を広く藩外の人にも開放された。英学の担当者は仙台藩士横山謙助といって、早くから長崎に赴き何禮之助《がのりのすけ》に学んだものを先生が招聘したのである。蘭学は京都の蘭方医栗原唯一が担任していた。学修者は会津の野村音次

郎、石澤源四郎、有竹某、杉田進、辻仁助、大島瑛庵、野澤雞一らは英学を、加藤二郎、高野源之助、廣澤範吾、赤城玄理らは蘭学を学び、わずかの人数であった。他の藩の者はかえって多く、柳河の曾我準造（子爵祐準）、岡某、飯田の辻本彌吉、宮津の尾見小太郎、城定吉、高松の齋藤某、桑名の高木貞作ほかに一名、延岡の小林亭吉、伊勢の伊藤謙吉、なお佐久間象山の庶子三浦啓次郎らもそのなかにおった。それらのなかには入塾者と通学者があった。先生は当時洋学所に近い中立売油小路辺に宿をとり、すでに眼病で失明に近かったけれども、なお下男をつれて洋学所へ出て、書生の会読輪講の様子を傾聴して、いつもたいへん満足の様子であった。けれども先生の周囲はすべてが先生の同情者ではなく、その施設に反対した者がないでもなかった。同藩士で有名な漢学者赤羽庄三郎（外務次官だった赤羽四郎の父）などは洋学癖を罵倒して詩文の修得を勧め、諸生に経典史籍を講じていた。

文久三年夏、御所に大変革があって、三條實美卿以下の参内を止め、長藩は御所の警衛を免除せられたので、長藩の人びとは憤激し、強訴して朝命を拒もうとする情勢であった。そこで先生はかねて用意の砲兵隊を堺町御門に配置し、みずから敵に当ろうとせられた。幸いに戦闘にならずに、七卿落となり、長州人はうらみをのんで国へ帰った。ところが、翌元治元年の夏、長藩の三家老、國司信濃、福原越後、益田右衛門らは七卿と藩主の無実を訴えると称して、長兵や諸藩の浪人を率いて上洛し、嵯峨、山崎、伏見に陣取って今にも市中へ進軍する勢いを示した。朝廷はおどろき、市民は恐怖に満たされていた。そのとき佐久間象山は蟄居を許されて、召されて京都にいたから、先生はしばしば寓居を訪問し、真心をもって時事を話し合っていたが、象山のすぐれた識見は早くから時流を超越していた。象山によれば、今のように勤王といい佐幕と称して争うていては、いたずらに国力を消費し外国のあなどりを招くばかりである。各国の軍艦が東洋の諸港に碇泊して機会をうかがっているときに、長藩が兵力でその主張を貫こうとするがごときはかえって内紛をつくりだすものである。幕府の使いとしては効果がないであろうから、朝命を受け、勅使となって陣地に赴き、時勢を説き利害を諭して、兵を返させたいとの意見であった。先生は深くその説を受け入れ、公武の間にひろめられたが、その議はついに行われなかったということであった。

その時一橋中納言（徳川慶喜）が御所において、会津桑名の諸侯と論議し防衛の方法を考え、諸藩の兵を伏見街道、桂川橋畔、嵯峨街道に配置し、長軍が進んで来たら、直ちに撃退させる方法を考え、昼夜を通して警戒して両軍が相対していた。先生は一友人をつれて敵勢を偵察するため、鳥羽街道を下って淀を過ぎ男山八幡宮に参詣した。ちょうど長州兵は三々五々社前に集り、矢を奉納して武運を祈ったり、茶店で休憩して話し合っていた。もし先生らが会津藩の偵察と知れたら、もちろん生きて帰れなかったであろうが、先生は平然として恐れる様子もなく、悠々と闊歩して山崎への渡場まで偵察して行き、日暮れになったので八幡に一泊し、翌朝帰洛した。

先生は後年このことを話し、明日にでも戦いがおころうとしているときに、こんな大胆不敵な行動をしようとは敵も思い及ばなかったのであろうといわれた。これは先生の沈着勇気ある一面を物語るものである。

長州軍はついに予定通り、三道から京都へ進撃して来た。伏見の軍は伏見街道で敗退し、嵯峨の軍が市中に入って蛤御門の戦闘となり、勝に乗じて御台所御門の前まで迫ってきたが、薩軍のために撃退され、鷹司邸にたちこもったところへ、山崎の軍も進んできてこれに加わった。会津、越前、彦根の諸藩の兵がこれを囲んだが四方の壁が高いので容易に抜くことができなかった。先生はそこで砲兵隊を指揮し、壁の角に向って滑腔六斤砲を連発して、これを破壊したので、諸兵はそこから突入してこれを陥れることができた。長軍は潰走して久坂義助以下自刃した者もあった。諸藩の兵は長軍を追撃し、市中に隠れている者があるかも知れないから、大砲で市中を焼払った。翌日幕軍が山崎に留まっている長州軍を攻め、近藤勇、土方歳三の指揮している新撰組が先鋒となった。先生もまた会津の隊の中で攻撃に加わり、軽挙を戒めたにもかかわらず、気負う壮士たちは抜刀して猛進し長軍の一斉射撃にあい、さすがの新撰組もなだれをうって退却した。そこで先生は挺身銃隊をひきいて攻撃を開始し、諸兵はこれに勢いを得て敵を圧迫したので、長軍は再び敗走し、眞木和泉らの勤王家は踏み止まって自殺した。

咸臨丸にて渡米した時サンフランシスコにて撮影したもの　勝海舟

　先生が多年首唱していた洋式兵器の利点がこの戦いにおいて実証せられたので、諸藩は争って兵制改革を行った。それで会津藩の頑固な重役も自覚するようになった。先生は好い時が来たと勇躍し、ますます洋式軍隊の訓練に努めた。丸太町橋東詰の畑地を買取って練兵場にしたのはその時である。こうして先生は一面藩の兵事に力を尽くすとともに、他面、時の俊傑を求めて交りを結び、国家の前

勝 海 舟
（京都新聞社提供）

途について深く考え画策した。勝麟太郎は海軍の創始者で識見卓越し、非凡の人として名声を博していたが、たまたま幕府の役人ににらまれ、閑地にいて、しばしば京都へ来ていた。先生は江戸にいたころの旧知であったから、寓居を訪ねて時局を話し合った。そのころは再度の長州征伐が失敗し、関門海峡は長軍に占められて九州米の輸送が途絶え、京阪地方は米の供給が円滑に行われず米価が暴騰して、人びとは不安の毎日がつづいていた。そこで海舟はある日、先生に、長州人も余りに大人気ない、国家がこのように困っている時、外国の侮りを招くような内輪もめはいいかげんに止めた方がよい。自分は長州征伐には反対であるが、こんな風に勢いを盛りあげてくるようでは、自分は軍艦で馬関を砲撃したい、君も賛成なら五百の精兵を率いて参加せられてはどうかといった。幕府の役人がぐずぐずしていてこれも実行はできなかったのである。

大勢が急転して大政奉還と決定すると、会津、桑名の両藩などの憤激は非常なもので、二条城内の評定には猛烈な口論もあった。なかでも近藤勇などは太刀に手をかけ、薩摩らの諸藩が公議を待たずに摂関を廃止し、大改革を行うのは僭越である。事ここにいたってはじっとみていられない。今夜御所を焼打ちして焦土にしなければ虫がおさまらないと危険な提議をしたくらいであった。しかし先生は悠々として長州を討つにも及ばない。薩州を憎むにも及ばないとそんな主張を排斥した。そして過激論者がこの暴状を見てもなお薩長が憎くないのかと罵りつめよると、先生は泰然として、世界の大勢、国家の大計は君たちにはわからないと相手にせず、八方手を尽くして形勢緩和に努力された。その時には先生の眼病がしだいに進んで視力が衰え、そのうえ脊髄を病み、行動も自由でなかったが、人の肩にすがり、人に助けられて出入りし、養生の暇もなく、ついに病気は重くなっていた。

慶応三年十二月、慶喜は旗本や会桑諸藩の兵をまとめて大阪に下った。これは、その時の禁裡御所と二条城との間が対陣の形となり、薩長の兵と佐幕諸藩の兵とが道で遭ってもすぐ剣を抜くほどに事が迫っていたので大事変突発を避けるためであった。先生は早くから幕僚の達識家と物事を相談してその意見を熟知していたので、明敏な慶喜公が時勢を考えて大政奉還の果断に出られた以上は戦意があるはずはないと、知人がしきりに下阪を勧めたにもかかわらず、人間は野菜大根のように容易に斬られるものじゃないといって、独り京都に留まり、洋学所の塾生には、君たちは学生だから軍事には構わず、ひたすら勉強するようにと、彼らの動揺を抑えていた。ところが意外にも大阪城中では過激派の主戦論が勝って、会桑両藩先鋒の将軍入洛、伏見鳥羽の戦争となったので、道がふさがっていて行けず、空しく京都へ引き返したところを、朝敵の残党として捕えられ、薩摩屋敷へ幽閉されることとなったのである。

幽囚

薩摩屋敷に禁錮　優遇　幽室　幽囚中の生活　島津侯に上書　西郷隆盛ら敬服　会津自己の武器で討伐せられる　子弟の将来を慮る

山本覺馬先生が薩摩屋敷で禁錮の身となったのは明治元年一月であった。当時ともに監禁せられたなかに、会津藩の松本清次郎、野澤雞一、安住運次郎、桑名藩の山崎幸一郎、幕人には波多野小太郎、遠山專之丞、佐久間英明などがいた。波多野は旗本で見廻組頭であったから相当な身分の人、のちに波多野央と改め兵庫県知事伊藤俊介（博文公）の下に県官となった。小野組事件で槇村を訴えさせた人物である。遠山は波多野の下役で御家人格、佐久間は新撰組だが、みずからは出家で京都の因幡薬師の僧だといっていた。外に大垣藩士の捕虜になったものもいたが、同藩が官軍に寝返ったので数日後、すべて釈放された。

先生の名はすでに他藩にも知られていたから、幽囚中でも待遇は極めて丁重であった。先生が引かれてくると、淵部某がきてお互いに仕官する身としては止むを得ないことだと慰め、黒羽二重の紋付一襲《ひとかさね》を出し、これは上役某の贈物だから、寒中のことであり、粗末ながら着てもらいたいと言い伝え、何分にも軍中のことで万事不行届の点は許してもらいたいが、御用があれば遠慮なく番人に申しつけていただきたい、できる限りは取り計い申しますとあいさつした。先生はご覧の通り盲目で、座るより臥している方が都合がよいので敷物と被る物とを余分にいただきたい、また常に晩酌をかかしたことがないからお酒をも頂戴したいと述べられると、それは容易なことだと、ややきれいな夜具を持ってきた。また酒一升ずつ給付された。

獄舎に当てられた稽古場の略図は次の通りである。

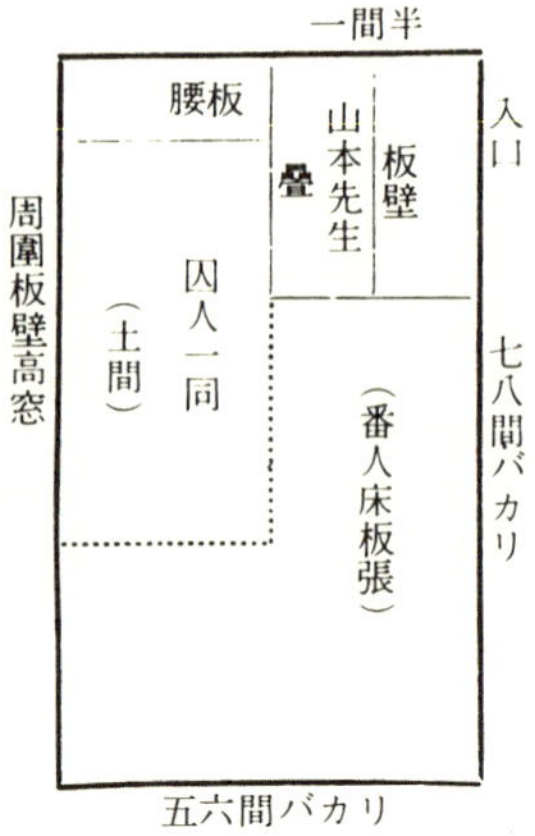

この通り先生は床板張の畳の室にいて、他は皆土間に板を敷き、その上に畳を並べたうえに起臥した。監守の番兵は三人程床板張の所にいたけれども、監視は極めて寛大で囚人の言動は自由に放任してあった。便所は少し距《へだ》ったところであったが、往復にもとくべつに見張をせず稽古場から出入させた。これを会津藩の長州人の捕虜を取り扱った時と比較すると、雲泥の差があって、薩人が維新の大業に力をかしたのもその応揚な取り扱いにあったと思われる。それで同囚人はみな読書、囲碁、談笑と少しも平生とかわらずに毎日を送ることができた。

先生は毎朝必ず冷水で身体を拭い、同囚には時事を論じ議論された。時には声高に詩を吟じ、晩酌の後には唐詩選、連珠詩格にある詩や、儒者文人の絶句を朗誦し、兵家の語句を引用するなどし、波多野小太郎を相手として、今日恐るべき列国をひかえ国家存亡の分かれるというさい国内で戦争などしている時でない。上下協力して国家の安全を計らなくてはならない。聞くところによるといま官軍は東海道を進んでいる。自分を関東へ遣わされるなら、将軍を説得し、わが藩主に進言して、争いをやめさせる。官軍もしばらく進軍をゆるめ、彼我協力して時局を解決したい。もし官軍があくまで追撃するなら、わが藩などは一人も残らず討死しよう。しかしそれでは討伐に多数の軍兵と巨額の費用を要し、結局は国力がおとろえるばかりで、その間に外国が乗ずることにでもなったら、それこそは全くゆゆしい大事であると。そのことを淵部某に伝えて薩摩藩の重役に通じ、詳細は面会して述べたいといわれた。淵部は幾度もうなずき、先生のりっぱなご意見はわが藩の重役どもも兼て知っている、ご趣旨の要領は必ず伝達いたしましょうと答えた。その後先生はしばしば面会を求め、進んで修理大夫薩州公〔島津茂久＝忠義〕に親しく意見を述べたい、王政維新国家の経営は今日の大急務であるといわれたが、その願いは果たされなかったから、胸中の政見を口授して野澤雞一に筆記させて、これを薩州公に手わたした。「管見」がそれである。

この意見書は先生がある時は臥しながら、ある時は蒲団にもたれながら一句々をのべて筆記させ、つぎにそれを読ませて訂正し、さらに添削するなどして脱稿したもので、えんえん数万言、政治、経済、教育、衛生、衣食住、風俗、貿易諸般の綱目にわたっている。そのころとしては珍しい卓抜な意見も少なくない。これらの識見は混乱の世の中にあって、あるいは読書から、あるいは交遊から得られたものである。先生は西周《にしあまね》、津田眞道、神田孝平らの新進の学者と交って西洋の事情に通じ、国士ともいうべき諸藩の名士とも往来せられたから、その思想は当時の封建思想を乗り越え、専ら対外的見地からその政見をのべられたのである。小松帯刀、西郷隆盛らは

神田孝平

先生と面識があり、この「管見」を一読してすっかり敬服し、特に命じて厚く待遇された。のち仙台藩邸の病院に移され、初めて岩倉具視公と面識することとなった。明治二年に、朝議で先生を用いる意見があり、先生は赦免せられることとなった。

この間に起こった左にのべる事件などは先生の卓見をうかがうには好い例である。先生はドイツ人ルドルフ・レーマンと以前から親密にしていられたので、維新前会津藩を説得して一万五千挺のスナイドル銃を同人を介して注文した。これはわが国最初の元込銃であった。戊辰の変には敵味方ともに旧式の先込めのゲーベル銃を多く使用したが、先生は早くから元込式の利点を知ってドイツへ注文したのである。しかしこの銃は伏見鳥羽の戦争後に到着したので、紀州藩がそれを引き取り、奥州征討に使用した。不運な会津は自分の買った武器でひどい目にあったのである。また先生は禁錮中官軍の東征を聞き、会津藩は神保修理がいるから、決して無謀なことはすまいといわれた。果して神保は大義名分を説いて非戦論を唱えたが、そのため会津が江戸を引き上げると同時に、切腹を申しつけられたということである。先生の幽囚生活はすでにのべた通りであるが、年少の子弟に対しては修養処世の道を講義し、釈放後は盲目の上、脚の不自由なからだでなお彼らの将来を思い、野澤雞一が明治天皇の御即位式と改元とで赦免されていると聞き、その筋の人に頼んでこれを引き取り、同藩の小松濟治がドイツから帰国すると紹介し、学資を与えて大阪開成所へ入学させた。大阪開成所は明治三年七月、時の参与薩州の小松帯刀が前述の何禮之助に命じて洋学を教えさせた洋学校を改称したもので、東京の大学南校の支校である。星亨《ほしとおる》、濱尾新、豊川良平らはこの学校から輩出した人材である。

京都府顧問

遷都と人心の動揺　山陽に誤られた遷都　槇村正直らの旧弊打破　鳳凰堂が二千円の札付、阿彌陀を縛る　新開化に邁進　山本先生の知識の源泉　薬屋の子明石博高　明石は先生の旧門下　京都の行政と谷口孝起

伏見鳥羽の一戦で王政維新の大勢が定まり、東北が鎮定して政権は全く朝廷に還り、京都は名実共に日本の首府となった。京都市民は平安朝時代を追想して大きな栄華と幸福とを待ち望んだ。しかし寝耳に水であった鳳輦《ほうれん》東行のことは市民を驚かせ、あわてさせ、絶望におとしいれた。平安通誌には明治二年のできごとを次のように記している。

初メ車駕東行セシヨリ府下頓ニ蕭条殆ド旧都ノ観アリ。市民甚憂色アリ皇后行啓ノ事アルニ及ビ道路相伝ヘ以テ遷都ノ事アラントスト云ヒ人心益々恟々到処聚談巷議セザルハナシ。或ハ貼紙投書以テ教唆スルモノアリ。九月二十四日ニ至リ遂ニ党ヲ結ビ旗ヲ樹テ石薬師門ニ集ルモノ数千人。将サニ直ニ禁門ニ叩訴シ行啓ノ中止ヲ哀請セントス。門兵叱シテ之ヲ卻《しりぞ》ク。兵部省弾正台京都府ニ移示シ明年還幸大嘗会ヲ挙ゲラルヽノ事東京ニ於テ決定シ遷都ノ事アラザルヲ以テ衆ヲ鎮撫シ其心ヲ安ゼシム。京都府乃チ其旨ニ従ヒ連日府庁ニ於テ市民ヲ招集シ留守官府知事兵部省弾正台相共ニ之ヲ説諭シテ曰ク天皇輦《れん》ヲ東京ニ駐《と》メ皇后亦行啓セラルヽモ遷都ノ事アルニ非ズ、明年還幸シ将ニ大嘗会ヲ此地ニ行ハレントス。妄ニ流言浮説ニ惑ヒ騒擾シテ宸襟《しんきん》ヲ労スルコト勿レト懇々数百千言ニ

及ビ又特ニ各町ノ循黙令ヲ守ルモノヲ褒シ又市民ノ名望アル者六人ニ命ジ市中ニ暁諭セシム。此ニ於テ人心始メテ帖然タリ。此日遂ニ行啓アリ。其後太政官旨ヲ伝ヘテ京都府ノ鎮撫其宜ヲ得タルヲ賞ス。十月京都府更ニ説諭ノ事状ヲ具シ市民ヨリ上ル所ノ還幸ノ願書数十通ヲ添ヘ明年必ズ還幸アランコトヲ請ヒ且洛中地子銭ヲ免除シ並ニ産業基立金ノ下賜アランコトヲ求ム。三年二月還幸延期ノ令出ルヤ京都府更ニ申請スルニ還幸延期止ムヲ得ザルモ若シ民心ヲ慰藉スルナクンバ変動測ラレズ発令シガタシト。三月特ニ聴許アリ。乃チ十九二十日ヲ以テ市中ノ町年寄五人組頭以上ヲ府庁ニ召集シ府官留守官ト共ニ臨ミテ太政官ノ令ヲ伝ヘ曰ク当年還幸大嘗会行ハルベキモ東北綏撫《すいぶ》未ダ全カラズ諸国凶荒国用乏絶已ムヲ得ズ還幸延期セラル丶旨伝ヘ且世界ノ形勢当今ノ急務ニ及ビ説諭スルコト数日ニ及ブ。市民乃チ其旨ヲ領シ皇恩ノ忝キヲ拝シ四月朔日市民人民河東練兵場ニ会シ遥拝シ奉リ賀茂神社ニ詣リ宝祚無窮府中平安ヲ祈レリト云フ。

明治五年十二月産業基立金五万両下賜、同年同月三日大陰暦ヲ改メ太陽暦トナシ此日ヲ以テ明治六年一月一日トナス、同日ヨリ金銭ノ称呼ヲ円銭厘毛ニ改ムベキ旨発布セラル。明治六年金五万円下賜、計十万円

（碓井氏日記）

ある人の話によると、この時群集は行啓中止を哀願するといって、御所の周囲を御千度したということで当時の人心の動揺が察せられる。

そもそも、皇居と新政府とが東へうつったことは純粋な日本語を今日の紛乱に導いたこととともに、

維新の英傑が行った二大過失である。今日でも遷都の詔がでていないから、京都がやはり帝都だと説く人もあるが理屈はともかく、事実遷都である。考えてみると、英傑たちは書生の時に、頼山陽の史論に強く感化されて、凰輦東行を奏請したのであろう。山陽は日本の地勢は関東方面が広く高く、近畿以西は狭く低いから、勢東は西を制御する、頼朝以下幕府を関東に置いて朝廷の威光が衰えたというような説をたてたので、山陽の著書に大感化を受けた彼らは、東京が常に大地震と大火災の危険にさらされている事実を考えず、時代の推移を思わず、みだりにこの大事を奏請したが、今になってみても、朝鮮台湾を領有し、アジア大陸に、政治上、経済上の大利害を感じる日本の首府は、殊に阪神両市を結び日本経済の中心になっている京都を最も適地とすることがますます明らかになってきている。まして軍事や自然の脅威からみても、皇居の地として京都が最も適地であるのに、彼らは頼山陽によってこんな過失を敢えてしたものである。

明治天皇は千年いらい禁裡の膝下であった京都市民のことを叡慮され、廟堂の諸公もかつて京都市を戦火で焼きながら、遷都によってその市民の希望と繁栄とを奪うことは忍びないと、さきに幕府の貯蔵米一万石が下賜され、つづいて、いわゆる御土産金十万円の下賜となった。これが京都の新施設の資源となったのである。資財は運用する人がなくてはならない。この御下賜金穀をもっとも賢明に利用して銷沈(しょうちん)している京都の人の意気を引き立て、山紫水明の古都に西洋開化の新文化をよびおこした者は槇村正直とわが山本覺馬先生であった。

これよりさき、新政府ができ京都府庁がおかれると、府知事に任ぜられたのは雲上人の長谷信篤であったが、府政の実権は木戸孝允の幕下槇村正直の手にあった。府庁は槇村正直、國重正文以下長閥によって固められていた。この槇村はどこまでも自分の意思を貫ぬく傲岸(ごうがん)不屈のところがあるとともに、よく人の考えもうけ入れる雅量のあった人で、旧弊を打破し新文化を建設する好選手であった。明治の初め十余年間は旧物破壊のために玉石ともに焼かれたうらみが深く、東京では上野の森の老樹を伐(きり)倒して甘藷を植えようといい出す要人もあり、大阪では今日塵埃にあえぎ煤煙にむせぶ二百万の市民に青い松の香とあおい波の響きとを与えてよろこばれている浜寺公園一帯の磯辺の松もほとんど薪になるところを、大久保利通の「音にきく高師の浜の老松も世の仇浪はのがれざりけり」の名吟によってあやうく免れた時で、京都でも槇村の手によってずい分無茶苦茶なことまで行われたものである。

槇村正直第２代知事
フランス使節団の随行画家が明治９年かいたもの

国宝として世界にその名を知られている宇治平等院の鳳凰堂は槇村によって二千円の売価をつけられ、諸方面に買手を求められた。幸い二千円の大金だったので買手がつかず、そのために今日もあの壮麗な建築を誇ることができるのである。堂の前の蓮池には殖産興業の趣旨により、槇村が稲作を命じた。しかし泥が深く稲の穂が皆枯れてしまったので農夫も一度でこりてしまったのである。それでも宇治の奥にある白河の神社の極彩色の小さい拝殿は二十円で売られて行方がわからない。また洛南藤森の東の高い山地に即就院という寺があって、そこの阿彌陀如来は那須與市宗高の守本尊といい伝えられ、老病者を祈ると死ぬかなおるか決着が早くつくといって、人々が深く信仰していたが、槇村はその阿彌陀をむりやり府庁へ持ちこませた。この如来は尊体が大きくてその侭運ぶことができなかったから、府は多くの懲役人を遣し解体の上仏具とともに数台の車に積んで行き、信者の老女たちはもったいなさに車の周囲に集まり号泣して見送った。今は泉涌寺に安置せられて再び市民に信仰せられている。四条堀川の辻にあった鳥居なども取り除けられた。辻々の地蔵堂を壊す。秘仏などという物を取り調べる節句祭をやめ、地蔵会をやめさす。これらは迷信を破り淫祠をとりつぶすという趣旨からやったものである。しかし今日は、それ以後土足にかけられた岩木に燈明があげられ、大会社が商売繁昌の稲荷大明神を会社の構内に祭り、こっけいなのは職工の思想善導だといって役所の工場に小さい祠をたてている。或いは再び槇村のすぐれた手腕を発揮せねばならぬ時勢かも知れない。

槇村はこんな勢いで、一方では髷を切って散髪にすることを強制した。それで民間でも旧弊と開化との人間に分かれ、開化党は旧弊家の油断をみて、後からその髷を切り落とす。旧弊党は切られた髷をとって鏡に向かい暗涙を垂れた喜劇が到る処で演ぜられた。槇村は府庁へ出頭すると区長や戸長に洋服着用を厳命したので、当時の民間の有力者はみな洋服を着用した。デビィス博士の日記に耳まであるシルクハットを人が被っているとおかしがって書いてあるくらいで、今でもその人びとの家には往年のシルクハットと燕尾服がのこっている。槇村自身はもちろん赤い筋の見えている洋服を着、薬喰の外に畳の上では食べなかった牛肉を食べ、街の子供たちに知事さんは牛肉を食べはるさかいに顔が赤いといわれた。こんな風に槇村は旧弊打破と新開化とにつき進んでいったのである。

そもそも当時にあって新奇で人の目を驚かした京都の諸種の事業の功労者といえば、槇村知事の力と山本顧問の知恵とについては誰も異論があるまい。それならすべて山本覺馬先生の考えから出たのかというと、それは人間を全能の神にしてしまう無分別な英雄崇拝である。新事業の功労者は外にすくなくも数名は数えられる。明石博高や雇外人などの知識も忘れてはならないのである。一体わが山本覺馬先生の知恵の源泉はどこにあったかと尋ねると、それは先生の蘭学と親善であった雇外人の知恵とで先生はそれから得た知識を博大な思想とりっぱな識見によって判断し適用されたのである。先生は蘭学によって西洋の学術の精確で、実用的なことや西洋の一般の事情を知っていられた。幕府からオランダに留学を命ぜられ徳川慶喜公に新知識を吹きこんだ西周を京都に招いて彼が実際に見聞してきた知識を得られた。西周の『百一新論』に先生の序文がある。あれは先生の主旨をうけて同じ会津人で京都府に出仕していた南摩綱紀が書いたものであるが、西周とはそのような間柄であったということである。『百一新論』の奥付には山本蔵版の印がある。先生はこのような書籍をつぎつぎに出版する意図であったものと思われる。序文に「具能明哲学者我邦未嘗聞有其人也」とあるようにこの書は明治における哲学書の最初の物である。西周の外にオランダ語を自由に読めたのは先生であったということである。先生はまた蘭学者の神田孝平と相知り同じ蘭学者の野見某が先生のために翻訳していた。先生は盲目であったから話相手に仏人ジューリー、独人レーマン、米人ウィード、英人ボールドウィンなどが常に先生の宅に出入していた。娼妓に課税して府に莫大な収入を得るようにしたのはルドルフ・レーマンが先生に話したことが実現されたものである。

ここで明石博高の人物と、先生と明石との間柄を記さねばならない。明石博高（ヒロアキラ）は天保十年生まれで幼名彌三郎といった。四条通堀川西入る薬屋の息子である。薬屋といっても当時薬種屋と医者とを兼ねた者は多く、明石の家もそうであった。薬屋は犀角規那甘草ら外国の薬種を取り扱うところから、人よりは一倍外国の事情が分かるとみえ、小西行長は堺の薬屋の子息で豊太閤幕下の新知識であった。明石もまた医薬の家に生まれて京都の新知識となったのである。外祖父の杉本松翁が文政天保年間にオランダ医法を唱え、長崎のオランダ屋敷へ往来し、有名なシーボルトその他から書籍・器械・薬種などを得てたいせつにしていたので、博高は幼時から西洋の文物を研究する志を立てた。和漢の学問を学ぶとともに嘉永五年から、儒医桂文郁に漢法を、祖父善方に蘭法や化学的製薬術を学び、宮本阮甫、武市文造に蘭学を、幕府の医柏原榮介に物理学を、新宮涼閣に解剖学及び一般の医学医術を、田中探山に本草学を、辻禮輔に化学や製薬術測量法を学び、明治になってから京都大阪の両府に出仕しながら雇外人に諸科の医学、物理学、薬物学、製造化学を学んだ。京都府へ出仕したのは明治三年閏十月からで、十四年一月退官した。その間勧業掛、療病院掛、医務掛、グランド将軍接待掛、博覧会品評管理、化学校校長らを務めたが、知事がかわって舎密《せいみ》局其の他が廃止になったので、自らこれを経営して失敗し、のちに元の医術によって生活し、明治四十三

明石博高
（京都新聞社提供）

年七十二歳で永眠した。数カ国の語学に通じ、著作も甚だ多い。ヘブライ語をも研究したので、洛西太秦にユダヤ民族の遺跡という断定を下したことがある。普通日本人は瞳の周囲の光彩が茶褐色であるのに、この人は西洋人に似て碧(あお)かった。四方八方に腕をふるっただけに、仲々山気が多く、コレラが流行して海魚禁止の府令を出した時、三日も前から琵琶湖や他の河川の川魚を買占め、桂川に生洲を作っておいて、金もうけをしたこともある。河原町四条上る電燈会社の辺の明石温泉はこの人の遺業である。堂上公卿には和歌や有職故実の家元から、床屋の家元まであり、医道では錦小路家がそれであった。諸国に門人と称する人がたくさんあって、同家から出た木の鑑札をもっていたものである。明石も単に名のみの門人でなく、錦小路頼言卿から解体術を学んだが、明治の初め、大阪府庁から錦小路家へ明石を出仕させよという差紙が来て明石は大阪に行き、病院の雇外人の通訳をし、薬局をとりしきっていた。（外人はオランダ人医学博士、理学博士ハラタマ）元年から満三年いたのを、槇村が京都へ呼びもどしたのである。しかし、山本覺馬先生と明石博高の間柄はそれからではなく、維新以前からのことである。明石は先生が監督していた会津藩の洋学所へ蘭学の研究に行っていて、後さらに英語を学びたい希望から、山本先生にその教師について頼んだので、先生は四条大宮西入幕臣靑山某へ紹介した。その後維新の大変革で山本先生は幽囚の身となり、釈放されて二条木屋町東入黄檗《おうばく》書林（今は北側）〔編者注・一切経印房・現在の貝葉書院〕の隣り路地に仮住居をしておった時、明石はそこを通って山本覺馬の標札を眺め、会津人の一人もみかけないはずの時だから、不思議に思って内へ入って尋ねてみると、旧知の山本覺馬先生その人にちがいなかった。これは明石の話である。両人はそのような間柄であったから槇村が明石をよび返したのは、あるいは山本先生の勧めからであったかと思われるのである。

　次は京都の行政のことである。維新直後の京都の行政は全く新しいものでなく、古い幕府時代の自治制によって行われたのである。慶長年間豊臣秀吉は前田玄以に命じて、唐制をまねて京都の町毎に年寄五人組を設け、それを自治の機関とした。五人組が町内の用事を勤め、年寄がその上に立って事務をとったものである。それがうつり変って明治元年には上京、下京両組に三名ないし五名の大年寄をおき、その両組をまた小さく区分して二十町内外を、一つの番組として中年寄および副一人をおき、また一層小さく各町毎に年寄を、その下にまた五人組の伍頭をおいたが、さらに変って区長戸長と総代伍頭となった。現在の公団組合長は年寄もしくは総代の別名である。幕府滅亡とともに朝廷は以前からあった京都の定火消六藩の中膳所《ぜぜ》、篠山、亀山の三藩に命じて、京都市中の取締役とし、また別に他の六藩を京都市中鎮撫見廻役とし、三藩は取締所を三条烏丸においた。それを明治元年三月御池神泉苑の旧町奉行所に移し、二月京都裁判所と改称せられたものである。四月には官制が改められ、立法行政司法の三権が分掌され、地方は府県に分かれ、京都裁判所は京都府となり府知事以下が任命された。この官庁と自治体とによって府市政は円滑に行われることになったのである。しかし初め幕府が滅びるとともに、町奉行も与力、同心も影を消して、京都市政は暗黒となり、その戸数、各戸の貧富の程度、徴税の見途もつかなかった。蕭何《しょうか》が関中に入ってまず簿書を収めたのもこのためである。その時膳所藩に谷口孝起という人があって、その親戚に町奉行の与力があった。そこに町奉行時代の書類がたくさんあったのを、谷口が出してきて、それで府政の見当がついたのである。谷口は長く京都府に出仕し少参事にまでなっていた。

思うに京都府の新しい政治、新しい施設はほとんどみな山本覺馬先生の顧問時代になったもので、先生が主としてこれを指導せられたものであるから、先生の生涯の一部は、すなわち京都府の新政治、新施設であり、府の新政治、新施設はすなわち先生の生涯の一部である。そこで当時の諸種の新施設やでき事について、その大体を記述する。

日本最初の小学校

維新前の教育　頼三樹が寺子屋　日本最初の柳池校　六十四学校記　福澤諭吉の京都学校称讃記　小学校会社　教師の素性　知事が試験　蒲団屋の娘湘烟女史　知事被差別地区で宿る　天皇小学校へ臨幸　生徒入鹿誅伐の事蹟を申し上げる

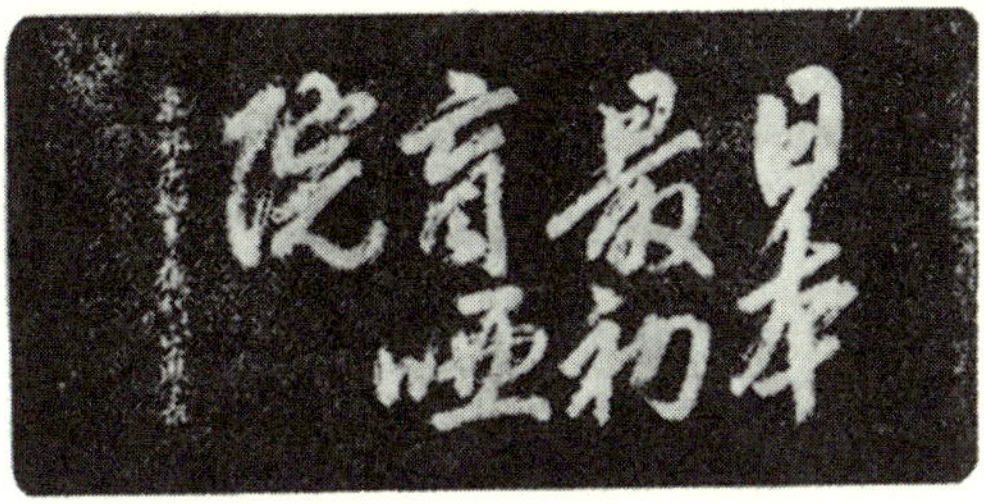

盲唖院扁額（京都府立盲学校蔵）
（京都府知事槇村正直書）

維新前まで京都の普通教育はいわゆる寺子屋によって行われていた。教えたものは読み書きそろばんで、仮名文字名頭国尽し、商売往来常用文章、加減乗除、利息算、別に女には百人一首ぐらいのものにすぎなかった。寺子屋は普通の民家で、主人つまり師匠は家来、浪人、隠居、書家などであった。安政の大獄に、幕府の役人の前で尊王攘夷を痛論して、斬罪に処せられた国士頼三樹三郎も一時寺小屋のようなことをしていて、書画をたしなんだ鍵忠の先代に人が頼三樹の書を買ってやってくれと頼んだ時、お父さんの山陽先生のなら何ですが息子さんのではといったという話がある。明治になり、鳳輦東行後の京都の衰運を挽回し、もしくは防ぐには子弟に新知識を与えるのが何よりも急務とされて、元年八月、すでに各区に小学校を設ける議論があり、二年五月二十一日早くも今の柳池小学校

明治２年５月21日には、柳池小学校（上京第27番組小学校）として、日本最初の施設として開校された

が開設された。これが実に日本最初の小学校である。つづいて各学区でもその後を追って十二月までに市内五十一の小学校（中学校十二）が開かれるようになった。最初の柳池校の開設についてはその筋の命をうけて区内の鳩居堂の熊谷氏らが力を尽くしたものである。この小学校開設の事情や授業の実況などは西尾爲忠の「京都六十四校記」と福澤諭吉の「京都学校の記」とがその概要をのべている。すなわち、

京都六十四学校記

今上践祚之初　聖断自天衷出、収復大権於一朝、発維新之政以與天下更始、訂交海外諸国、明治元年之冬、東北諸藩悉平定　於是勅官司　益尽其職、京都府乃僉議曰、輦轂之下、衣冠之衢、文物所萃、固為四方之表、凡施設挙行、当為天下之先、令遠近有所則焉、今也内難既定　外交日殷、使船商舶填集港阜、而強大之国、熊騰而虎視者、林然相環、方此之秋非富国何以安内、非強兵何以鎮外、両者国家之所急大謨也、夫富国之基、在厚民生、強兵之本、在正風俗、正風俗在崇礼義、厚民生存長工芸、長工芸崇礼義在開智識、開智識在務学術、然則方今地方之務、莫急於立学校、部内

市坊分画六十六区、官区立一校　令童男女皆入学焉、且用為市民公会之所、而申法宣令、問苦察情、及養老旌善之典賑窮貸乏之方、警奸禁暴之虞、以至種痘等之為、亦皆於此、則立一校而衆事挙、甚便、即具状奏請、制可、二年冬校成、上京第二十八区与第二十九区共之、下京二十二区与第二十三区共之、共六十四校、命曰小学校、土木之費、一校率千金、官与民平分出之、其属上京第十一区第二十五区第二十六区第二十七区者、尽出於民、蓋富民所損貲也、学制有講師有教師、童子入学者、授以句読書数及開説義理、府員以春秋臨試其業、学資賦於民、毎戸歳若干銭、其他以施行、一如所議、民皆便之、而生徒之衆、毎校不下三百人、挟書齎筆者、終繹巷衢、誦読之声、達於四境、可請盛矣、知事長谷信篤、大参事松田道之、槇村正直、少参事藤村信郷、使爲忠記之、且曰、校之立、於茲僅三年、今秋試業、就上試者六百十余人、就特試者百三十余人、其俊秀擢入中学者七人、雖就丁試者、亦進退有法、応封有儀、秩然可見、何得才之多也、則百工技芸之事日進、礼儀廉譲之行日成、小則経産業理身家、大則興公益化衆人、将使天下翕然則之、全美全盛、超越万国、可翹足而竢也、而曰盛恙之原、自京都始、則都民不独享幸福而已、於国家富強之宏図、亦与有力焉、雖然非以輦下之民際維新之隆、安能如此、豈可感喜奮励以成其功乎哉、其書斯意爲忠不辞、退為之記。

明治四季歳次辛未冬十一月上浣

従七位守京都府典事

西尾爲忠　謹撰

熊谷直孝　謹書

今上天皇〔明治天皇〕は、皇位につかれたはじめ天の意志により判断して政治の大権を朝廷に収め、維新の政治をおこし、天下と共に事を始め、海外の諸国との外交も改められた。明治元年の冬には、東北の諸藩もことごとく平定したので、天皇は官吏に勅してますますその職分を尽くさせることとなった。さて京都府の僉議《せんぎ》〔役職の名〕の意見としては、「京都はもともと天子のお膝もとで、貴人の町であり、文物の集まる所、四方の手本であった。だからすべて施設や事業は当然天下に先んじ、遠近のものがより所とすべきところである。今や国内の困難は解決し、外交は日に日に盛んで、諸外国の使節の船や商船は港に満ち満ちている。しかし、熊や虎のような強大国が、国のまわりを群り囲んでねらっている。このような時に当って、国を富まさないでどうして国内を安定できようか、また兵力を強めないでどうして国外を鎮めることができようか。この二つは国家の急ぐべき大事である。そもそも富国の基本は民の生活を豊かにするにあり、強兵の根本は風俗を正し、礼儀を尊ぶことにある。民の生活を豊かにするのは、技芸に優れることにあり、技芸に優れ礼儀を重んずるのは、知識を開くということにあり、知識を開くのは学術につとめることにある。そうであるならば今、地方の任務として学校を設けることほど急ぐ事業は他にないであろう。市内の町々を六十六区に分かち、各区毎に一校を設け、男女児童を入学させるべきである。かつその学校を市民の公会の場所とし、法令をのべ伝え、市民の苦しみや実情を知り、養老慈善の事業を行ない、窮乏している者には施しをなし、犯罪や暴力に対しては警備もし、種痘まで実施するというのなら、一校を設けることにより諸事成果があがり、甚だ便宜であろう」ということであった。

そこでその筋につぶさに奏請して認可されたのである。明治二年冬学校はでき、その中、上京二十八区と第二十九区とは共同とし、下京第二十二区は第二十三区と共同とし、合計六十四校で、「小学校」と名づけた。建築の費用は一校につきおおむね千金、官民折半して出した。上京の第十一区、第二十五区、第二十六区、第二十七区は、全額市民の方から出しているが、これは富裕な市民の負担によるのであろう。

学校の制度としては、講師・教師があり、入学の児童には、句読・書・算・開説・義理が教えられ、府の役人が春秋二度の試験をした。学資は市民に割り当て、各家から毎年若干の費用を取った。その他学校で行なう行事は、市民が話し合ったとおりとしたので、皆これを便利とした。そして生徒数は各校三百人を下らず、書物をわきばさみ筆をもつ者が町々にあふれ、読書の声は四方に達するほどであった。まことに盛んということができる。

知事長谷信篤、大参事松田道之、槇村正直、少参事藤村信郷の諸氏は、私にこれらのことを記させて、かつ言うのには、「学校が設けられてから僅かに三年で、今秋の試験において上試に就くもの六百十余人、特試に就くもの百三十余人、特に優れ選ばれて中学に入るもの七人である。丁試（下級の試験の意か）に就く者に対してもその進退にはおきてがある。生徒それぞれの能力に応じてきまりがあって、その秩序はよく整っている。このようにして何と多くの才能を見出し得たことか。今や多くの工芸や技術が日に日に進み、礼儀・清廉・謙譲が日に日に行なわれている。また小は産業を経営して身や家をおさめ、大は公益をおこして多くの人々を感化しており、天下あげて模範としようとしている。立派な成果が諸外国にすぐれるのも、もう間もなくのことであろう。そうして盛業の源が京都から始まるというのは、市民だけが幸福を受けるのではなく、国家富強という宏大な計画に与かって力があるからなのである。しかしながら天子のお膝もとの市民であり、かつ維新の興隆の際というのでなければどうしてこのようであり得よう、どうして喜んで奮い励み立派に事業を完成することができるであろうか」と。私はこの意を書することを辞退せず記した次第である。

明治四年十一月上旬

京都学校の記

明治五年申五月朔日社友早矢仕氏と京都に至り名所旧跡は固よりこれを訪ふに暇あらず、博覧会の見物も素と余輩上京の趣意にあらず先づ府下の学校を一覧せんとて知る人に案内を乞ひ諸所の学校に行きしに、其待遇極めて厚く塾舎講堂残る所なく見るを得たり。仍て今その所見の大略を記して天下同志の人に示すこと左の如し。

京都の学校は明治二年より基を開きしものにて自今中学と名づくる者四所、小学校と名づくる者六十四所あり。市中を六十四区に分て学校の区分となししは彼西洋にて所謂「スクールヂストリクト」ならん。この一区に一所の小学校を設け区内の貴賤貧富を問はず男女生れて七、八歳より十三歳に至るものは皆来って教を受るを許す、学校の内を二に分ち、男女処を殊にして手習せり、即ち学生の私席なり。別に一区の講堂ありて読書数学の場所となし、手習の暇に順番を定め十八乃至十五人づつこの講堂に出でて教を受く、一所の小学校に筆道師句読師算術師各一人、助教の数は生徒の多寡に従ひ一様ならず、或は一人あり或は三人あり。

学校は朝八時に始り午後四時に終る、科業はイロハ五十韻より用文章等の手習、九九の数加減乗除、比例等の算術に至り、句読は府県名、国尽、翻訳、地理窮理書、経済書の初歩等を授け、或は訳書の不足ある所は姑《しばら》く漢書を以て補ひ、習字算術句読暗誦各等を分ち毎月吟味の法を行ひ、春秋二度の大試業には教育者は勿論平日教授に関らざる者にても皆学校に出席し、府の知参事より年寄に至るまで躬《みずか》ら生徒に接して業を試み、其甲乙に従って筆紙書籍等の褒美を与ふるを例とす、故に此時に出席する官員並に年寄は試業の事と立会の事と両様を兼ぬるなり。

小学の科を五等に分ち吟味を経て等に登り五等の科を終る者は中学校に入る法なれども学校の起立未だ久しからざれば中学に入れ、官費を以て教ふるを法とす。自今此類の男子八人女子二人あり。内一人は府下髪結の子なりといふ。

各校にある筆道句読算術師の外に巡講師なるものあり。その数凡そ十名、六十四校を巡歴して毎校に講席を設くる事一月六度、この時には区内の各戸より必ず一人宛出席して講義を聴かしむ。其講ずる所の書は翻訳書を用ひ足らざるときは漢書をも講じ、唯字義を説くにあらず断章取義以て文明の趣旨を述ぶるを主とせり。

小学校の費用は初めこれを建つる時其半を官よりたすけ、半は市中の富豪より出して家を建て書籍を買ひ、現金は人に貸して利息を取り永く学校の資と為す。又区内の戸毎に命じて半年に金一歩を出さしめ貸金の利息に合して永続の費に供せり。但し半年一歩の出金は其家に子あるものも子なき者も一様に出さしむる法なり。

金銀の出納は毎区の年寄にてこれを司り、其総括を為すものは総年寄にて一切官費の関はる所にあらず。前条の如く毎半年各戸に一歩の金を出さしむるは官の命なれどもこの金を用ふるに至りては其権全く年寄の手にあり、此法はウェランド氏の経済書中の説に暗合せるものなり。

小学校の生徒数毎校少きものは七十人より百人、多きものは二百人より三百人余、学校の内極めて清楚、壁に疵付くるものなく座を汚すものなく妄語せず乱足せず取締の法行届かざる所なし。且学校の傍に其区内町会所の席を設け町役人出張の場所となして町用を弁ずる傍に生徒の世話をも兼ねるゆえ一層の便利あるなり。

四所の中学校には外国人を雇ひ英仏白耳曼語の教授を為せり。其法は東京大阪に行はるるものと大同小異、毎校生徒の数男女百人より二百人、其費用は全く官より出づ、中学の中英学女紅場と唱ふるものあり、英国の教師夫婦を雇ひ夫は男子を集めて英語を授け、婦人は女児を預りて英語の外に兼ねて又縫針の芸を教授せり。外国の婦人は一人なれども、府下の婦人にて字を知り女工に長ずるもの七八人ありて其教授を助けたり。この席に出でて英語を学び女工を稽古する児女百三十余、七八歳より十三四歳華士族の子もあり、商工平民の娘もあり各貧富に従って紅粉を装ひ衣裳を着け其装潔くして華ならず、粗にして汚れず、言語嬌艶容顔温和、ものいはざるも憶する気なく、笑はざるも悦ぶの色あり、花の如く玉の如く愛すべく貴ぶべし、真に児女子の風を備へて、彼の東京の女子が断髪素顔マチガタの袴をはきて人を驚すものと同日の論に非ざるなり。此学校は中学の内にても最も新なるものなれば、今日の有様にて生徒の学芸未だ上達せしにはあらざれども、其温和柔順の天稟を以て、朝夕英国の教師に親炙し、其学芸を伝習し其言行を見聞し、愚痴固陋の旧習を脱して独主自立の気風に浸潤することあらば数年の後全国無量の幸福を致すこと今より期して待つべきなり。

小学校の教師は官の命を以て職に任ずれども、給料は町年寄の手より出るが故に其実は官員にあらず、市井に属するものなり、給料は生徒の大小多寡によりて一様ならず、多きものは一月金十二三両、少きものは三四両にて小中学校に関るものは俗務の傍らに或は自己の志を以て教授を兼ぬるもの多し総員二十名を出でず、等級に由て月給同じからず。多きは七十両少きは十五両乃至二十両平均一人に二十五両に過ぎず、二十人にて一月五百両なり、官の費用少くして事務よく整ふものといふべし。

明治五年申四月学校出版の表に拠るに中小学校の生徒一万五千八百九十二人、男女の割合凡十と八とに等し。年皆七八歳より十三四歳、今より十年を過ぎなば童子は一家の主人となりて業を営み、女子は嫁して子を生み、生産の業自然に繁昌し子を教ふるの道家に行はれ人間の幸福何物かこれに比すべけんや。今年已に一万五千の数あり。十年に至らば又増して三万となり、他の府県も亦此法に倣て学校を建てざるものなかるべし。然れば即ち爾後日本国中に於て事物の順序を弁じ一方の徳を修め家族の間を睦くせしむる者も此子女ならん。世の風俗を美にし、政府の法を行はれ易からしむる者も此子女ならん、工を勤め商を勧め、世界一般の富を致すものも此子女ならん、平民の智徳を開きこれをして公に民事を議するの権を得しむるものも此子女ならん。広く外国と交を結び、約束に信を失はず、貿易に利を失はしめざるものも此子女ならん。概してこれを言へば文明開化の名を実にし我日本国をして九鼎大呂より重からしめんには此子女に依頼せずして他に求むべきの道あらざるなり。

民間に学校を設けて人民を教育せんとするは余輩積年の宿志なりしに、今京都に来りはじめて其実際を見るを得たるは、其悦恰も故郷に帰りて知己朋友に逢ふが如し。大凡世間の人この学校を見て感ぜざるものは報国の心なき人といふべきなり。

明治五年申五月六日

京都三条御幸町の旅宿松屋にて

福澤諭吉　記

学校創立の初め京都の中央に当たる下京第十四組などは「小学校会社」という一種の頼母子講《たのもしこう》を作り、区民が各財力に応じて毎月金を集めて積立て、借りたいものに貸してその利子を学校費に当て生活に困った人にはその元金をも伍頭らの連印で貸し与えた。その総金額は一万両にも達していた。

学校の教師は寺子屋の先生が引続きなった人も多く、漢字塾の先生や弟子たちもあった。深草竹田連合の学校の先生に寺子屋の渡邊先生、東丸の羽倉家遠孫羽倉先生があり、伏見第一に伏見与力の岡田先生があり、伏見に奥野という塾があった。その塾主が同地第二小学校の先生になり、多年勤めていたのはその一例である。

京都の教師の履歴書に支那学を修め云々の文学があったなど当時の教師の出処がほぼ知られる。教課は五等の句読が孝経、四等は中庸、大学、世界国尽、三等は国史略、論語、西洋事情、二等日本政記、五経、外に新書、一等日本外史、易知録、外に新書で、さすがに孟子だけは除いてある。算術は四五等で加減、三等で加減乗除、二等で比例、一等で開平開立であった。習字は千字文まで、英独語は三等からで三等三百言、二等五百言、一等一千言であった。

春秋の大試験は実際に幼児に至るまで知事自らが試みたもので、七八歳の小児などには糸は何をするものか、鯉はどんなものか、鱗があるかないかくらいなことを教科書の中の単語について尋ねたのである。それでも親たちは心得たもので、清水坂の見世物屋の小動物園へ小児を連れて行き、山椒魚や、お父さんお母さんの物言う鳥を見物させたものである。俊秀な上級生には槇村知事の難問に逆ねじをくわした者もあった。槇村がある女の子にお前のその髷は何のために結うてあるのかと問うと、知事さんの髭は何のためにはやしてあるのですかと逆襲せられて知事がやりこめられたこともある。知事が試験した生徒の中でも松原東洞院東の蒲団商小松屋の女児岸田年などは、その敏才に知事も感心して、「お前の名は年ではふさわしくない、俊子にせよ」と改名してやった。民権自由の演説をして廻り、後に衆議院最初の議長中島信行の夫人になった湘烟女史、中島俊子は即ちこの蒲団屋の娘である。

官尊民卑の風習で槇村といえば人が殿様のようにしていたから、九条公の屋敷をそのまま使っていた陶化校は知事さんが試験に来られるのに門がないのは不都合と稲荷神社境内の愛染堂の門を買って建てたようなこともある。しかしまた当時人が決してしないようなことをやってのけた。京都駅の東に今は市の一部になっているが被差別地区があった。当時槇村知事はその学校の大試験に臨み、夕方家に帰れるのに今夜はここで泊るといい、そこの有力者櫻田儀兵衛の家で泊った。一椀の茶を飲むのでさえ人が忌みきらった被差別地区の家で寝食してみせたのは、単に小学教育に熱心であったためだけでなく、「旧来の陋習を破り」社会の風教をため直そうとしたものと思われる。明治天皇は京都の諸学校へ御親臨になり名代をさしつかわされた。殊に小学校三カ所まで御親臨になったことは京都市民がもっとも光栄とし、誇りとするところである。京都市民は陛下が成長なさったお膝下の人民が恩賜の金品によってこれだけのことをいたしましたとそれをご覧いただきたい熱情から願出たもので、このことは総区長兼総学区取締が知事に出した願書によってもわかる。天皇はまた常にどうしておるかと大み心にかけ給うた人民のこの心をおよろこびになられたものと察せられる。初音、尚徳二校への御親臨は明治十年京都御駐輦の時で、「侍従日録」には左のように記載されている。

明治十年六月二十八日晴
九時三十分御出門、上京第二十九校下京第二十四校へ臨幸被為在二十四校に於て御昼饌供進、午後二時二十分還幸被為在候。
供奉、東久世、高崎、高辻、東園、太田、鍋島御先着交番相勤候。

政府の大官は参議大久保利通も随従した。尚徳校ではこの日門前に緑門を立てて国旗を交差し、玄関には菊花御紋章付の紫縮緬の幕を張り、玉座への通路は金屏風が立連ねられてあった。天覧は各課十分間ぐらいで、歴史は殊に日本略史の中大兄皇子が入鹿を誅せられた事績をえらんで生徒に講義させたのである。生徒は各学校から各級三名あて選抜せられ一カ月ほど予習したものである。臨幸後それぞれへ御下賜金があり、生徒は上等生へ一円、下等三級まで五十銭、それ以下二十五銭宛であった。学業天覧の結果は単に父兄や子弟を感激させただけでなく、一カ月間東山の麓の生徒も朱雀野に近い街の生徒も各学校から一堂に混交して稽古したので、アレキサンダー大王のアジア遠征が東方の文化を西洋へ将来したように、生徒たちの気持ちを大きくし、智見を広め、児童ながらも「友遠方より来る、また楽しからずや」の気分からお互いに遠い処に友だちができて、非常によい影響があった。

中学校創立　英学校

日本最初の中学校　所司代屋敷に開設　次いで英語、ドイツ語、フランス語の欧学舎　入学者がないので困る　知名の出身者　外国教師と英語教科書　今立校長はグリフィス博士の弟子

中学校も日本で最初に建てたのは京都である。その最初の中学は明治三年十二月(京都)府中学(校)として建てられ翌年一月開業式を挙げた今の府立第一中学校である。この学校は二条城の北旧監獄の東の所司代屋敷で初めて標札が掲げられ、当時は別に校長はなく、幹事あるいは書記のような人が事務を取扱っていたのである。学校は国漢学、数学の二科に分かれ、のちに外国語の欧学舎ができた。国漢学の教場は所司代屋敷、ドイツ語は河原町二条上る高田別院、英語は二条下る角倉屋敷、フランス語は知恩院にあったが、旧守護職屋敷、今の京都府庁の地に教場が新築され明治六年六月そこへ移転した。中央に講堂をおき四隅に国漢学の立正校、英学校、ドイツ校、数学校があり、フランス語の方だけは高田別院へ移された。講堂へは廊下で通えることになっていた。この講堂は府会の議場に兼用されていた。山本覚馬先生はこの議場で議長をされたのである。

この中学もまた明治五年と十年十二月とに明治天皇が御臨幸になり、授業をご覧になった光栄をもっている。

今でこそ入学志願者が多くて困っているが最初は少なくて困ったのである。生徒は小学校から優秀なものを選抜したが二十名くらいしかなかった。それらは学校内の寄宿舎へ入れた。町人で入学した者

明治３年12月７日開校した京都中学校は、従来公卿の学問所であったが、維新とともに門閥貴賤を問わず入学を許され、教育内容は皇学、漢学の外に洋学もおかれ、独人ルドルフ・レーマン及米人ボールドウィンを雇って、欧米学術の吸収につとめ、文明開化の急先鋒であった。

はなかった。生徒募集に骨が折れて学資を貸してやっても応じないので、今度は学資を与える給費生をおくことにして、ようやく三十名ぐらいにふえたくらいである。白木屋の西野恵助氏などこの給費生の一人であり、後年に社会に頭角をあらわした人が多い。国漢学の立正校は他の学校から行って学ぶこともできる制度であった。

東京帝国大学総長古在由直博士は立正校の出身で、枢密院顧問官富井政章博士はフランス語学校の出身である。また関西学院名誉院長吉岡美國先生もこの中学出身で卒業後五年間助教諭の職にあった人である。共通に行けた立正校の教科書は四書、外史、政記、文章軌範などであった。ドイツ校やフランス語学校は後に廃止され、フランス語の生徒は司法省法律学校に、ドイツの方は医科大学へ行ったが、そのころの英語教科書は、ウエブスターのスペリングブック、ウイルソンの読本、パーレーやウイルソンの万国史などで、算術はロビンソンのアリスメチックであった。算術から三角法まで、博物理化学など当時は国語で書いた教科書がなかったから一切原書を用いたのである。

教師はドイツ人ルドルフ・レーマンがドイツ語英語を兼ねて教

えたが、最初の英語教師はアメリカ人で海軍のキャプテン・ボールドウィン氏であった。このキャプテンは日本人の妻をもち、熊本洋学校のキャプテン・ゼーンスと同じく一人で何もかも教えた。それからイギリス人ウェットン、アメリカ陸軍出身のアーノルド氏が家族をつれてきていて三年ほどおり、同時に宣教師の子マクレー氏がいた。この人は青山学院の創立者、メソジスト派の日本最初の伝道者マ氏の次男で、アメリカのカレッジを卒業するとすぐ来日した青年である。コックを雇って知恩院に滞留し、教科書中の神というような文字には殊に力を入れて生徒にその思想を吹きこもうとしていた。日本人の教師は長崎辺で勉強した人たちで学力も不確かなものであった。明治十五年最初の校長になったのは今立吐酔氏である。今立氏は越前福井に近いところの寺の子息で越前藩に招かれた有名な日本の紹介者グリフィス博士の門人である。開成校に入りグリフィス博士の世話で洋行し、アメリカのカレッジを卒業して帰ったのである。グ博士の名著ミカドス・エムパイヤ（皇国）の序文に今立氏の名がみえるのはそんな間柄であったからである。理化学を研究してきたので学校では英語と理化学を教えた。氏の指揮で中学校に初めて物理の教室が設けられたのである。そのころ洋行帰りの学者として京都で新島襄先生と並び称されたことを人びとが記憶しているが、その新島先生も神学よりも理化学が得意で二人とも理化学者であったのである。

右は中学校初期の状況であるが、この中学校も明治天皇が三回臨幸になった光栄を有し、このようなことは全国に例のないことである。

ドイツ学校とフランス語学校

レーマン会　薬学専門学校との関係

雨森菊太郎

ドイツ学校も他の英語・フランス語学校とともに設けられた中学あるいは欧学舎の一部である。教師はレーマンであったから、廃学となり、レーマンがその兄弟の商売に従事するようになってからも、この学校の出身者はレーマン会を起こし、ドイツ学会を起こして今日に至っている。雨森菊太郎や日出新聞記者で俳人で触背美学などを著した四明翁中川重麗、医専や同志社の教授であった栗生孝謙などはその出身者である。このドイツ学校がなくなって東山病院の副院長であった香山晋二その他の出身者がこのドイツ学校とは全く別な同名の学校を設けたけれども来学者がみな一年か半年で去り長く続かないので薬学校をもともに経営した。これが現在の薬学専門学校の前身である。

フランス語学校も欧学舎の一つであるがフランス留学生の題の下に記載する。

女紅場、府立第一高等女学校、遊廓の女紅場

女紅場の名　女紅場初日の日記　養蚕、機織、裁縫その他　三十歳の女生徒　写本の教科書　教師に三井の隠居　梅田雲濱の未亡人

明治５年４月、土手町丸太町下るに英学校とともに開校された女紅場

女紅場、くわしくいうと「新英学校及女紅場」は華士族の娘に英語と高等の和洋女紅を授けるために設けられたもので、間もなく一般庶民の娘たちにも入学を許された。女紅、女工、女功みな同義で女の手芸である。だから女紅場といったのであるが、後にこの名は遊廓に専用されるようになった。この女紅場は明治五年四月十四日（旧暦）土手町丸太町下る九条公の旧屋敷に設けられた。これも日本最初の女学校で明治十年明治天皇の臨幸をいただいた。最初は中学校と同じく校長という者がなく、府の役人たちがその掛りとなり、教師は男女十名ばかりであった。英学の教師はイーバンス夫妻であった。裁縫、機織、袋物、押絵など実用の手芸を教えたので、中学校の入学者が少ないのに反して、最初から七十八名もあった。日誌の初頁が開校当日をしのばせる。

四月十四日（坪内嘉兵衛太田岩之助署名）

一女工場開校第七字生徒女相揃
一参事君並國重殿柏村殿参校
一三本木南町住梅田故源次郎妻千代江参事君御沙汰之趣ニテ女徒取締相達ス同人女ぬい□□□
千代ニ随従出校
一生徒七十八人江印鑑相渡両人惣代ニ而受書調印サシ出ス

殿舎が広かったからそのまま教場に用いられ、寄宿舎は新築された。明治十年ごろには寄宿舎だけでも百人もいたということである。別に大きな養蚕場が建てられて養蚕も教えられた。機織は希望者には西陣の有名な綴の錦も教えられた。裁縫は市内一流の仕立師、機織は西陣一流の機織師を招き、茶は千家、花は池の坊に教授に当たらせた。別に入学資格がなかったから、三十歳にもなった入学生がたくさんあった。そのころ読書算術でも裁縫でも私宅で勝手に教授することが禁ぜられていたから、田舎の細君などがここで学んで免状をもらって帰るというようなのが随分多かったのである。明治十年に最初の卒業生、小学師範諸礼科卒業生という人が四十名出た。その人たちは教員免状を授けられて、小学校ででも、自宅ででも諸礼裁縫の教師ができたのである。これらの人の修業年限は三年で六級から一級まで半年毎に進級することになっていたが、実地を学修するので、むつかしい教科書もなく「女礼授業心得」という半紙二十枚ばかりの手写の物が六級から一級まで通じての教科書であった。しかし実地にかけては三年の学修であるから、これらの生徒は立派な先生になって、諸方面に分散して、諸礼や新しい裁縫を良家へ伝えたのである。新英学校についてはは聞かないが、それが今の普通科で、これが裁縫専修科の前身と見られる。

職員をみると山本覺馬先生の妹八重子が権舎長兼教導試補で二三年後に任ぜられた一等舎長蘆田鳴尾がやはり会津人である。史生平井義直は槇村正直の秘書である。菱湖風の軟弱な書風であったが、菱湖の手本はいけない、平井義直でなければならぬとあって、のち小学校の習字手本もこの人の書いたものであった。剪綵教授三井高福は三井の隠居さんである。この人は弘化年間に上板された京都の詩歌書画などの名家録にも「書画和歌詩文、油小路二条下三井牧山、名宗六号桃花庵」「画和歌文雅前人男三井孩之名高福号聽泉」とあるように、諸芸にすぐれていてのちに出た京の詩人質屋の神田香巖、北糸の山田永年などの旦那芸が玄人を圧倒したと同じに、女紅場で教授三井高福の教授をした剪《せん》綵《さい》を高福剪綵というよう槇村知事から達しがあったほどの名人であった。剪綵とは押絵のことでこの人は花鳥や果物の下絵を自ら描きどんな色の絹や縮緬を選ぶかすべて自家の意匠をこらしたからそういったのである。この隠居は各遊廓の女紅場へも教えに行った。

製品掛梅田千代は梅田雲濱の名高い詩「妻泣病床児泣飢」の妻でなく後妻である。安政五年十月大獄に梅田雲濱も捕縛された時、今なら新聞で号外が出され、初号活字で報道される大事件なのに、新聞のなかった時代で誰もその理由を知らなかった。烏丸押小路下る梅田の家の近隣の人たちは梅田源次郎は儒者かと思ったら盗人やったそうなとうわさし、そのころの掟として罪人の留守宅は町内から気をつけることになったから、町内の人たちがその宅へ行くと妻女が礼儀正しく皆様ご苦労さまでございますとあいさつした。二度目の意外なことを見た人びとは帰りに盗人のかみさんに似合わぬ行儀

明治５年10月、遊女解放令が出され、芸者や遊女をここに強制入社させ、裁縫手芸を教え他の職業につかせようとした。

のよい人やなあといぶかしがった。この人はそんな行儀作法の心得があったから、女紅場で諸礼儀を教えた。その娘八等授業補の梅田ぬいはその時十五歳であったから、雲濱の捕えられたその年に生まれた児である。製品掛梅田千代とあるから同時に押絵細工物などを母子が教えたのかも知れない。一等舎長肩書の蘆田鳴尾も諸礼の主任教師であったそうである。

遊廓の女紅場も女子に必要な学問技芸を遊女に授けるため同時に設けられたもので、祇園町を最初に、ついで先斗町《ぽんと》、宮川町、三条新地、上新地、島原、五条の橋下、伏見墨染、中書島その他各地に及ぼされた。やはり女子教育の一つである。

府立療病院と付属医学校（今の府立医科大学）創立及び精神病院駆黴院

病院設立の趣意　一般の寄付　寺院の寄付、與謝野禮巖と金銀閣寺住職の奔走、褒美に還俗して府少属　今の療病院は先覚者の遺言に背いている　教師ドイツ人の英語を通訳する　入学資格　開院式で三十日間の踊　命名につき槇村と僧侶の争い、明石の仲裁

病院の設立のことも広く病患者を治療する慈善的社会政策的の見地からして計画された。しかし、先立つものは資金で、御下賜の金はここまでまわりかねたから、一般人民の寄付金を集めることにした。医師、薬種屋など中々の金を出し士族は二十五銭宛出さされた。ことに目ざされたのは各宗の寺院であって寺からは米を寄付した。この病院というのは全く新しいものでなく、維新前にも錦小路家の施薬院を執事で医者であった木村得正が烏丸一条でやっていたことがあり、病院設立についても府の医務掛長明石博高は錦小路家門人として相知っていた木村にも相談したものである。そしてお寺の方を納得させたのは左の人びとを通じてであった。

そのころ洛東岡崎の願成寺住職與謝野禮巖（勧修寺和田大円僧正や歌人與謝野寛氏の父）という本願寺派の僧があって、近隣の民家に住んでいた。明石は禮巖と懇意であったから禮巖に相談した。すると禮巖が金閣寺と銀閣寺の住職をひっぱり出してこの僧侶三人が各寺院に寄付を納得させたのである。粟田の青蓮院を仮病院にしたのも三人で、日光宮の旧邸里坊といって公卿や僧侶の折々集った家

府立療病院開院式にあてられた粟田口青蓮院

集　産　場

円　山　温　泉

三軒を収用して、現在の府立病院の敷地にしたのもこんな関係からである。三人の僧侶の中でも銀閣寺の佐々間雲巖は俗才があってこの引掛りから還俗してしまって病院設立の褒美に府の少属に任用せられ、今の京都ホテルの路を隔てて南隣の集産局の局長にせられた。そして妾に円山温泉を経営させた。この円山温泉や清水の溪間の吹上など当時の開化的な新奇な仕事として誰知らぬ者もなかったが、医者であり理化学に通じていた明石の指金で佐々間はこんなことまでしたのである。

このようにして病院開設の費用が調ったので、明治五年十一月、粟田の青蓮院をしかもあの広い寺を無料で借入れて、開院式が挙げられ、治療と医学教育とが始められた。そもそもこの府立療病院と医師養成とは慈善的に社会政策的に、広く貧賤の人々にまで、医療の恩恵にあたらせる療病院が主であって、医師養成は従であった。他では医学校が主でその付属の病院であるが、京都では病院が主で医学校はその付属であった。病室が不足すると医学校の教室を病舎にしたこともあった。時勢の変遷につれてしかたがないとはいえ、学校の経費のために診察料をあげ、患者の治療費を増すなどは先覚者達の遺旨でない。開院式は幔幕が張られ、当時目新しかったテーブルに椅子がすえられ、山本覺馬先生も盲目で祝文を読まれ、門前の石段から群衆に向かって紅白の餅がまかれた。こんな式は京都で最初のもので実に盛大であった。

職員として最初フランス人ジューリーが招かれた。この人はこの方面のことは不適当であったが、契約期間に解雇するのは不経済だから、欧学舎を設けてフランス語の教授に当らせ、また医生にラテン語を教えさせ、さらにドイツ人ドクトル・ヨンケルを招いた。その給料は月金貨三百円、当時米一石四十五円から割出すと実に思い切った高給である。そのころ医者でドイツ語の通訳のできる人は京都に一人もなかったので、英学のある山田文友氏（のち山田病院長）を東京からよんでヨンケルの英語の通訳に任じた。外に医員五名薬局三名であった。午前九時からは医学生への講義で十時から診療に従事した。学校は何らの入学試験もなく、学生は医家の書生でそれが最初五六十名いた。教課は解剖学から講義し教科書はグレーイであった。外に院内の医員、市中の開業医に内外科・産婦人科などの講義をした。ヨンケルが三年の任期が満ちて帰国するとオランダ人ドクトル・マンスフィールトを招いたがこの人は自国語より用いないので、山田氏を医務局へ廻して別にオランダ語の通訳を雇った。けれどもこのオランダ人は一年後大阪病院へ転じたので、後任者としてドイツ人ドクトル・ショイペを用いた。この人はまたドイツ語を用いた。六年中学校雇のドイツ語教師レーマンが理化学を教えた。しかし明治十四五年になり東京大学から新宮や猪ノ子などの学士がくるまでは「よろずや」式の教授で専門の担当者というのはなかったのである。

明治八年七月には療病院付属として南禅寺に癲狂院が設けられた。これが今の川越精神病院の前身である。なおそのころ、真如堂の前へ癩病治療の癈痼院をたてた。また九年九月に建仁寺の福聚院に駆黴院を設けた。

府立療病院は今でこそ収益が多いが開設後長く収支相償わなかった。それで経営費は府下娼妓の賦金をこれにあて河原町に移転してからもそれによっていた。

粟田に仮院を開いている間に河原町の里坊すなわち今の場所に、ヨンケル博士の設計に基いて、本院を建築する計画をたて、明治七年十月に起工式の砂持踊りをやらせた。槇村がはで好きな人であったから日割を作り六十余の学区から踊半天《おどりはんてん》を着て踊って出るように命じ一学区ごとに何回か繰り返してそれが三十日もつづき、祇園や島原からは屋台を引き出させるなど、その盛んなことは後の大極殿造営の砂持踊りの外に比類がないほどであった。竣工したのは十三年七月で粟田に創設せられてから足かけ九年かかったのである。七月十八日盛大な移転祝賀会が行われ、当日府は山本覺馬先生を招待していねいな謝辞を述べた。この間明治十年に明治天皇京都御駐輦中有栖川宮熾仁親王を御名代として遣わされ本院へ二千五百円、癲狂院へ二十五円御下賜になり、なお御所内の建物二棟を御下賜になった。槇村知事の撰文を刻んだ院の前庭の碑によると、このとき竣成した建物は講堂三、病室二十九、診察所、製薬局、教師館、医生寮などで竣工費は五万九千三百十一円である。

初め病院が創設された時、槇村正直は西洋開化主義から京都ホスピタル、あるいは訳して京都病院と名づけようといい、尽力した僧侶たちは病院は何も西洋のものでない、聖徳太子が四天王寺を建立せられた時に、すでに療病院というものを設けているから療病院にしようといって、双方相譲らなかった。そこで中にたった明石博高は機智を出して、僧侶側に、それにしても病院の徽章はどうするかと聞いてみると、それはまだ考えていないといったので、槇村へ行って赤十字社の話をし、日本にも何れ赤十字病院が起こるからと名は僧侶に譲って徽章を黒十字に定めることを勧めた。槇村も承諾し僧侶の側も主張がいれられたので異議なく、遂に府立療病院の名と徽章とが定まった。実をいうと名はそれほど争うべき問題でなく、耶蘇教の開山がかけられて死んだ十字架の表象こそ反対すべきものであったのに、当時僧侶側ではそこまで知らなかったのである。

駆黴院の設置も山本覺馬先生が幽囚中に書かれた「管見」中の一経綸の実現に外ならないのである。当時大阪病院に勤めたオランダ人ボードウィン博士の説を聴いて、娼妓の検査を府当局に勧め、その結果府は明石博高に命じて祇園一力の主人杉浦治郎右衛門を説得して明治三年七月祇園神幸《(マヽ)》道に療病館をたてさせたが、明治九年六月駆黴規則を定めて市内各花街連合の京都駆黴院となり、府立療病院の付属とした。

集書院

寄付金を恐れながら奉願　図書館と代理部兼営　門柱は打倒した石の鳥居

集書院を起こすことは明治五年正月に府ですでに話があり、福澤諭吉氏が京都の学事視察をした時、「書籍縦覧株式会社開設」を勧め、府でいよいよこれを実現させる気運になった時、村上勘兵衛外三人が左の願書を出して自ら事に当りたいと願い出た。

乍恐奉願口上之覚

大政御維新以来御当地の義は市中各区に小学校被為置遍く後進を御勧誘人智を御開導被為遊候文化昌明の御趣旨皇国中古来未曽有の御美事と奉存候実に人民の幸福不過之義に御座候夫に就私共読書人便宜の為め会社取結び和漢の書籍より海外各国の内外新聞に至るまで追々取寄せ貸本に備置き且つ望の人々へは売渡も仕度存候処伝承仕候へば近々集書院御建営被為在候処に付右御入費の内へ聊かながら私共一人に金百円宛奉献納度格別の御憐愍を以て御差加へ被成下候はば難有仕合に奉存候尤も集書院落成まで不取敢別紙の通仮規則相設け速に開社仕度右蒙御許容候上場所取極可奉伺上候何卒御聞届の上社名御下知被成下度候様偏に御願奉申上候以上

明治五年壬申四月

御用書林　村上勘兵衛

明治６年、集書院を開業した。これは府立図書館の前身である。

書籍会社　大黒屋太郎右衛門
鷹司家々来　三國幽眠
滋賀県属　梅辻平格

寄付をするに「乍恐奉願」とは当時の人心が思いやられる。三國幽眠は安政大獄に捕えられ幸いに死を許されて帰った人である。大黒屋はもと長州の浪人であった。別に規則書も添えてあるが要は会社へ入社するには金壱円を納め鑑札を渡しておき、月割何銭毎回若干文を出せば縦覧させ保証金として元価を預けておけば貸出しもし、希望の書籍は売渡しもするというので、図書館兼代理部経営である。開設した処は東洞院三条北、今の初音小学校のある所である。九月に三条東洞院東前の日本銀行支店の場所に府の集書院の新築が落成した。集書院の石門と石柱をたて、鎖で連結した石柵とは迷信打破のため取り壊した石の鳥居であった。

村上と大黒屋とはさらに願書を出して、それを月三十円で借受けて府の代りに経営していたが維持できなくなり、九年一月に滞納金を免除してもらって府へ返し、府自ら続けていたが毎月十数名の縦覧者よりなく遂に十五年三月に閉鎖してしまった。

その後この事業は図書館の名によって再興せられた。集書院は現在の京都府立図書館の前身である。

京都最初の活版印刷　新聞発行

ドイツの印刷機械をドイツ人が組立てる　新島未亡人らが文選解版　博覧会案内　濱岡光哲新聞を発行

明治四年府はドイツ語教師ルドルフ・レーマンの兄弟のハルトマン・レーマンが大阪の川口にいたので、ハルトマンの手を経て印刷輪転機をドイツから輸入し集書院ができるとそこに置いてあった。明治五年博覧会の英文の案内記を作る必要から山本先生は丹羽圭介氏をよんで、君は器用だからあの印刷機械を組立ててみないかということで、丹羽氏が試みたが組立てられない。それで造船術の知識があったルドルフ・レーマンが写真をもってきてそれを組立てた。英文の案内記の原稿は先生の娘（のち横井時雄氏夫人）の婿養子にするつもりで山本家にいた喜三郎という人と丹羽氏とが美濃紙に筆で書いたもので、活字は先生の妹八重子（のちに新島襄先生夫人）が拾った。解版も八重子と丹羽氏の妹とがそのことにあたった。印刷された案内記は四十八頁で洛中洛外の絵入りである。当時は内務省でなく文部省の認可を経て発行したので、著者は山本覺馬出版者は丹羽圭介である。

濱岡光哲
（京都新聞社提供）

その後、この機械で府令を刷った。また村上勘兵衛が太政官日誌などの御用達をしていたから、質屋古物商らの五業取締規則や届書を活版にするために村上にその受けおいをさせ、それは利益をあげていた。またその機械で村上とは全く別に新聞紙を印刷した。以前

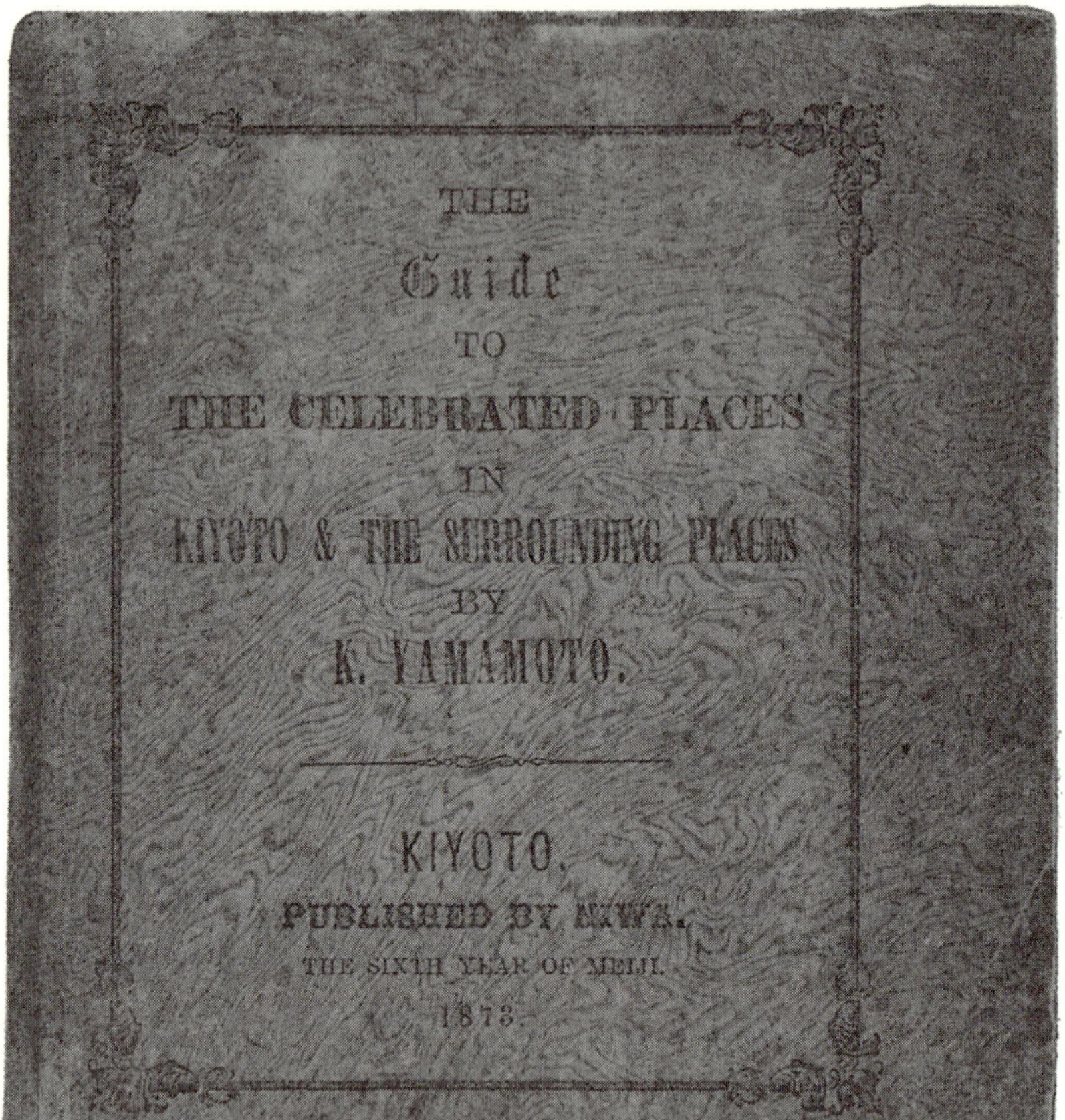

山本覺馬・丹羽圭介によって発行された英文京都案内。文章は山本覺馬。新島八重子夫人も文選・植字をされたと伝えられている。恐らく日本最初の英文植字工であったと思う。〔生島吉造氏蔵〕

に博覧会の案内めいた木版の新聞が出ていたが、二条西洞院東入南側で活版の『京都新聞』を発行した。その代表者は先生の門人濱岡光哲氏であった。これが京都で活版新聞の初めである。これは当時新聞紙の読者が少なく中絶することになってしまったが、現在発行している『京都日出新聞』はその事業を継承したものである。同じ先生の門人雨森菊太郎氏が多年その経営に当っていたことは今日なお人びとが記憶しているところである。この印刷機械はそのころ東京から来住していた換文堂松本孝助に譲渡され松本は木屋町三条上る所で印刷業を経営していた。

物産引立所

自由競争と産業の混乱　新組織　御下賜金を西陣へ融通　名家豪商　国是は商工　汽船ベルリン号購入　京人形輸出

旧幕時代には人民の職業はきまった分限があって、ある大工が三井の出入であると、他の大工が横から顧客を奪おうとしないし大丸出入の瓦師に他の瓦師が大丸の仕事を競争するようなことはなかった。酒屋でも家によって百石とか二百石とか醸造高が大抵きまっていた。西陣の絹機でも幾台という制限があってそれが株と名づけられていた。生糸金箔など皆同様の制限があった。京都には朝廷があり各宗の本山があり、僧侶の地位によってその法衣が異なり、諸大名も宰相とか中将とかいえばそれぞれの服装をして禁裏御所へ伺候せねばならなかった。ところが維新の大変革によってこんな制度も習慣も自然に消滅し、または乱れてしまった。だから京都の産業は新組織の下に新時代に適応させなくてはならなかった。その目的のため明治三年閏十月東洞院六角下る所にまず物産引立所が設けられ、それとともに西陣物産会社が油小路一条北へ設けられた。そして千田寶守を物産引立所の総取締に任じ、下賜金十万両の中三万円を西陣の機業家に貸付けた。それは機一台に若干円という割合であった。この引立所の御用掛を命ぜられた者は下村正太郎、三井源右衛門、三井八郎右衛門、森治兵衛、井上治郎兵衛、寺村助右衛門、大江長右衛門、その他数名の名家豪商であった。物産引立所は西陣機業家に低利資金を融通すると共に、市内の商業家に営業鑑札を渡しなどして、彼等を監督した。しかるにその下にある各商社または同業組合が不和になったり、物価の自然の騰落を妨げるような弊害が生じたために、四年九月米、油などおよそ日用必需品の結社組合は解散させ、各人随意に販売させることにした。この商社は呉服商社をはじめとし五十四社あった。そのころまた商業機関として開商社及び為替商社があった。前者は物質の売買、後者は主として金融であった。山本覺馬先生は日本の政治方針は商工であるとし「余思うに宇内の国ぐに、其国本を建つる、商を専らにするあり、農を専らにするあり、商を以てする国は政行われ、衣食足る。富饒にして人も勇敢兵備も充実也。農を以てする国はこれに如かず。ヨーロッパの中にては「イギリス」「フランス」「プロイス」商を以て盛なる国なり。日本支那は農を以てする故にこれに如かず。その故如何となれば、譬えば百万石の地より収る賦、凡そ百万金と見て、それを工人へ渡し、器物を作らしめば、一倍増して二百万金となる。それを商人に渡して商わしめばまたこれに二倍、遂に金を増すこと限なかるべし云々」と論ぜられた。日本の今日の国富増加は実に先生の商工立国主義が行われたからである。府でもこの方針により海外への輸出奨励のために、兵庫県に交渉して、神戸市松屋町松屋四郎太夫に京都府用達を命じ、その居宅を府下物産売捌所とし、さらに神戸港に京都商会を建設し、大いに貿易の発達を謀った。

物産引立所は物産を海外に売捌く目的で明治四年ごろ先生に依頼し、先生と旧知のカール・レーマンの手を経て、ドイツから一隻の汽船ベルリン号を購入することとなり、先生は非常に力を尽くされた。ところがそのころは船に対する邦人の知識がたいへん幼稚であったので、こんな物を買うにも実物を知らず、ただ説明図によるだけだったから行違いが起こり、やっと船が廻航してきた時は、引立所は関係者の間で意見が一致せず、府当局や先生の熱心な調停もかいなく、遂に解散のやむなきに到り、汽船は間もなく、大蔵省へ買上げてもらうこととなり、実際海外貿易に使わずじまいであった。

府は旧習の廃除と厚生利用に熱中している時であったから、正月の門松にも根付の稚松《わかまつ》を禁止して松の枝に代えさせ、年中行事の三月の雛祭、五月の大将祭も廃止を命じた。そのため京都人形商は生活の途を失うわけで大恐慌を起こし、幾度かその撤回を請願したけれどもきかれなかったから、ついに槇村大参事の後にいる先生に哀訴して救済を願った。先生はその総代の訴えをきいてもっともだとして、彼等の製造販売する各種の人形見本を全部持参させ、さらに一つ一つその値段をつけさせて、のち一年の猶予を求め、ドイツ人レーマンを招いてみせたところ、口を極めて人形の典雅なことをほめた。そこで先生はこれをドイツへ売込むことを勧め、定価表を与えた。これが京人形輸出の初めで、以後年を追うて盛んになった。京人形輸出の途が開かれたとき、先生はさきの総代を招き「輸出中止か節句祭復興か、どちらを取る」といわれると、何れも輸出の結構なことを述べて退いた。このように約束の一年も経たないうちに相手を満足させて問題を解決せられるなど、先生の知恵才覚がうかがわれる。

勧業場　集産場　授産場

京都最初の道路拡張　種苗や名産品陳列

明治３年11月、窮民授産場を設置し、失業者や生活に苦しむ人々を集め職業訓練及び授産事業を行った。

明治四年二月京都府は河原町二条下る元の長州屋敷の地（今のホテルの場所）へ勧業場を設け、府の勧業課をそこにおいた。勧業場は貿易の奨励、物産の陳列、資金の融通、その他新事業の企画、監督など一切の産業上の事務をとった所で、この設立とともに西陣物産会社、物産引立会社への府員の出張をもやめることにしたのである。だからセイミ局も最初はここの一部に設けられ、集産場、授産場、栽培試験所などもこれを中心として経営せられた。勧業場の前から寺町に至る一町ほどの道路は市の道路拡張の第一歩で、両側に溝を作り、北側は今の市役所、南側は美術クラブのあたりまで畑であった。その道路に面したところには細長い長屋のような建物がたてられ、畑にはブドウやビール醸造用のホップや、マンダー、ダムソン、はたん杏、さくらんぼ、いちご、ゴムの樹などが栽培され、その長い建物にはそこの栽培試験所の種苗などが陳列されていた。勧業場の南手の路を隔てて南隣の角家は集産場一名バザーで、そこに京都のすべての名産品が陳列されて人びとに縦覧された。

府は明治三年十一月中立売に授産場を設け失業者を救済し、無職者や無籍者を入れてそれぞれその人物に相応した職業を授け、熟練した者は、そこに留るなり出ていくなり随意にさせ、入場中の賃金は衣食の実費を差引き、それに利子をつけて勧業場に積立てておき、態度がきまると渡してやった。

舎密局《セイミ》　アポテキ

京都最初の化学研究所　薬品検査所と外人講義の交換　ワグネル博士　局の製品、出藍の七宝焼　木工島津源藏の成功　模範薬局

舎密局がそこで理化学を講義して京都人に科学思想を植えつけると同時にシャボン、ラムネ、リモナーデその他の文明開化の賜物を市民に享楽させ、実証によって市民を新文化に猛進させた功績は偉大なものであった。セイミ局の起源を尋ねると、府立セイミ局以前に明石博高がやっていた京都最初の化学研究所練真舎というものがあった。維新前に京都で西洋化学薬学の第一人者またオランダ語学者の辻禮輔という人があった。彌三郎時代の博高はその人に学び、のち自ら練真舎を六角堀川東入るところに設けて、理化学の講義や実験をやっていた。無論当時の化学など今から見ると幼稚な初歩にすぎないが、それでも見えない物に火がついたり、音をたてたり、変な物を合わすと変な色になるなど、切支丹の魔法であったから、人びとを驚かせたことは一通りでなかった。明石は三井家とも懇意であったから、大阪から帰った後、知恩院門前の三井の別荘でも練真舎の講義や実験をやり槇村がそれを見にいったこともある。これよりさき、大阪にはすでに舎密局があって別項の通り明石は大阪府へ出仕したときセイミ局のハラタマ博士の助手もしていたから、これを京都府勧業課の一部として設けるとき、明石を局長に任じてその腕を発揮させたのである。

舎密局は明治三年十二月元長州屋敷の西北隅、元の消防の屯所のあったところにおき、のちに鴨川

明治3年11月京都舎密局仮局として開業し、やがて建築開局された。(本局)

の西岸、夷川北、今の銅駝校のところに本局を、二条の北に実験場を、新築した。この地域はなかなか広大なもので、現在二条から夷川に通ずる小路は当時はなかったのである。ルネサンス式のりっぱな洋館で今も当時の錦絵にその面影を遺している。舎密局の講習生は有志の者は誰でもなれたが、最初二十名足らずであった。そのころ、ちょうど内務省に衛生局が設けられ、三府五港で薬品の検査をすることになり、内務省からオランダ人ヘールツ博士を京都へ派遣してきた。それで府は政府に要請し、無償で舎密局を薬品検査所に貸す代わりに、その御雇のヘールツ博士に無給で理化学の教授をしてもらうことにした。オランダ語の講義などは大中大一《(ママ)》ほか二三の通訳付であった。無月謝の上薬品も無代で勝手次第に使わせたのに、生徒も少なく、市民もなかなか研究に来なかった。一年半ほどすると政府は京都は薬品の検査所を置くほどの場所ではないとして、ヘールツ博士を引き上げさせた。それで府はさらに府自ら俸給を出してワグネル博士を雇った。

　ワグネル博士は明治文化に多大な功績のある人で、その記念碑が府立図書館の北に建てられている。すなわち「ドクトル・ゴットフリード・ワグネル君はドイツ国ハイウエル州の人なり維新の初我邦に来り科学を啓導し工芸を誘導すること廿余年殊に本市においてもっとも恩徳あり、明治十一年君、本府の聘に応じて来って理化学を医学校に化学工芸を舎密局に教授し傍ら陶磁七宝の著彩琺瑯《ほうろう》玻璃石鹸薬物飲料の製造色染の改良に及び講演実習並に施し人才の造成産業の指導功効彰著官民永く頼る。大正十三年本市東宮殿下御成婚奉祝万国博覧会参加五十年紀念博覧会を岡崎公園に開く。初め本邦斯界に参加するや君顧問の任を帯びて本市に来り頗る斡旋する所あり、是に至り益々君の功徳を思ひ遂に遺容を鋳て貞石に嵌し之を会場の一隅に立つ庶幾《こいねがわ》くは後昆胆仰長く旧徳を記念せんことを」同博士は明治三年から同二十一年まで内二年を除いて東京の帝国大学で最初は英語、ドイツ語、普通学を教え、のち長く製造化学を教授、勲功によって勲三等瑞宝章を賜った。十一年から三年間京都へ来ていたのである。京都の高等工芸学校の校長だった中澤岩太博士はその高弟である。ワグネル博士の招聘も山本先生の進言によったものである。

セイミ局の製品は薬剤、石けん、氷糖、ラムネ、レモナーデ、陶磁器、七宝、ガラス、漂白粉、銀朱、石版術、写真術、ビールなどである。ラムネやレモナーデはそんな飲料を知らない京都人の味覚を驚かし、また焼酎に砂糖と橙汁を加えた「公膳ポンス」をも売出した。大釜をならべて製造したものである。ビールは下京の醒井《さめがい》辺で鮫島武之助が醸造し、のち工場を気候の清冷な場所がよいといって、清水の音羽滝の南方へ移し、さらに日の岡に移し、扇印のビールとして売出した。しかしビールなどは大資本を要しまた社会がビールを要求するほどに進んでいなかったので成功せず、扇印の名だけが空しく残っている。舎密局の出身者で、その学習したことを生業としている人は古川町の薬剤師財団法人京都ドイツ学会長小泉俊太郎氏、松原の印肉製造本家柳田氏らがある。

セイミ局が払下げられ明石氏が自ら経営する前、そこへ化学校というものが設けられ、明石氏は校長に任ぜられていたが、明石氏の失敗後、局をわが国、電気鉄道の率先者である高木文平氏がクラブとして用いていた。それものちに火災にあい京都の記念すべきセイミ局もあとかたもなくなってしまった。セイミ局もまた明治天皇の臨幸をたまわったものである。

このセイミ局の最も成功した業績はワグネル博士がガラス製造とともにその特技であった七宝、陶磁器の製造である。京都は昔から陶器に有名なところで、中国からの陶窯術を伝え、五条坂に、粟田に幾多の名工を出していたところへ、博士がヨーロッパの新科学的窯業術を教えたので、五条坂や粟田の陶工はこれを伝習してさらに一新分派が生まれ、殊に七宝は藍より出て藍より青く、わが国の特産品としての地位を築き上げた。

またセイミ局の副産物といえるものは島津製作所である。同製作所の創立者島津源蔵はもと微々たる一木工でセイミ局に雇われていたのであるが、その間に外人に接し、西洋の機械を知り、ついに理化学用機械製造などを経営するに至ったのである。

明治４年３月薬物検査、薬調剤所として開業したアポテキ。

セイミ局と同じ時分に上京と下京にアポテキというものが一つずつ

設けられた。前者は上立売新町西（すなわち今の府の官舎のところ）後者は室町松原南にあった。機械や薬品をすべてオランダから輸入した模範薬局である。この和名合薬会社と名づけた模範薬局によって医薬分業を企図したのである。府の事業であったが模範薬局であるから一般公衆の調剤に応じていた。

織殿　染殿

京都織物会社に当時の機械保存

日本の織物は国民の需要に応ずるために製造せられたもので、幅たけの規格と染色紋模様縞柄の好みなども自然国内的になっていて世界に対する貿易品として大量生産を行うのに適していなかった。そこで府は西陣その他の織物業者を刺激奨励して、その事業を改良進歩させるため、平安朝にあった織殿染殿の模範工場を起こした。織殿は明治六年当時フランス語学校の教師のフランス人ジューリーを介しフランスのリョンからジャガード織機六台を輸入しその使用法を教えた。この織殿は明治二十年京都織物会社の創立によってその事業が継承せられ、今も当時を物語る例の織機は同会社の工場内に保存されている。

染殿は明治八年セイミ局内に設けられた。従来の日本の染物は植物性の染料を用いていたのを、石炭タールから化成した西洋の人造染料を輸入して大量生産に適応させ、絹の精練に米俵や藁を焼いた灰汁《あく》練《ねり》を廃止して石けん練を実験してこれを奨励したものである。この織殿染殿の事業は家内的手工から大規模の生産へ、旧来の産業から科学的産業へ転向させる一転期となったものである。

製革と製靴　化芥所

先生の牧畜論、メリケン靴

本邦の皮事業は古来京都府で発達したもので、平安遷都のときに定められた市場制度中、鞍、褥、韉韆《せんてん》、鞦韆《しゅうてん》、染皮韆などがあったのを見ても明らかである。以来その製品種類は多くの変遷を経て明治に至ったのである。山本覺馬先生は常に側近者に対し、牧畜と製革ぐらい便利で経済なものはない。なぜならば同じ一把の藁でも直接これを使えば一足の草鞋を作るに足らないが牛を養えばその肉は食用となり、その乳は滋養となり、その骨は骨粉または細工材となり、角は装飾となり、毛は壁のすさとなり、またわずかにその一部をなめして靴が作れる。靴なら草鞋とちがって、足を汚さず数か月も使用できるし、そのうえ品格もよい。しかもこれは食料とし肥料とした残りの一部にすぎない。総じて文明とは間接に用いることをいうのである。しかるに製革は昔からわが国ではある種の人間の仕事として卑しんでいたが、そんなものではない。英国女帝の例もある。動物でも下等のものは手足がなく、また口もない。鳥に至っては嘴《くちばし》があり、猿ともなると手を使って食事をする。人間になると直接手を使わず箸またはフォークを用いる。総じて間接に運ぶが文明と思えと諭された。

こんな持論から明治四年先生は勧業掛の木村教治郎、河野禎造と相談し府に勧めて洋法製革場を京都市高瀬川七条鈴木益次郎方に設け、ドイツ人レーマンに製革をやらせたところが成績がよかったので同年十二月桂川西岸の葛野郡松尾村の地に製革場を設立して盛んに皮革を製造した。

明治４年12月、葛野郡松尾村に製革場が設けられた。

当時西洋靴の需要がおいおい盛んになって来たが舶来のメリケン靴をはいていたので明治六年二月さらに勧業場内に製靴場を新設し、山口県士族片山平次郎をむかえ洋靴の製法を職工に伝授した。その後、しだいに靴商もできたが、それまでは農夫がもっぱら藁鞘を入れてはいたしび靴しかなかったのである。

化芥所は明治八年五月西の京に設けられた。市内各戸の塵芥を集めて焼棄てる場所である。都市の衛生と体面のため新設せられたのである。

博覧会　博物館

溝蓋を作りホテルを新設　最初は古物展覧会　紫宸殿や内侍所に商品陳列　禁裏の奥庭に競馬場　仙洞御所に洋食店　外人内地旅行の端緒　神戸から京への道筋　外人の船車賃　博覧会が都踊りの題　万国博覧会へ人を派遣　博物館にもったいない仏様陳列

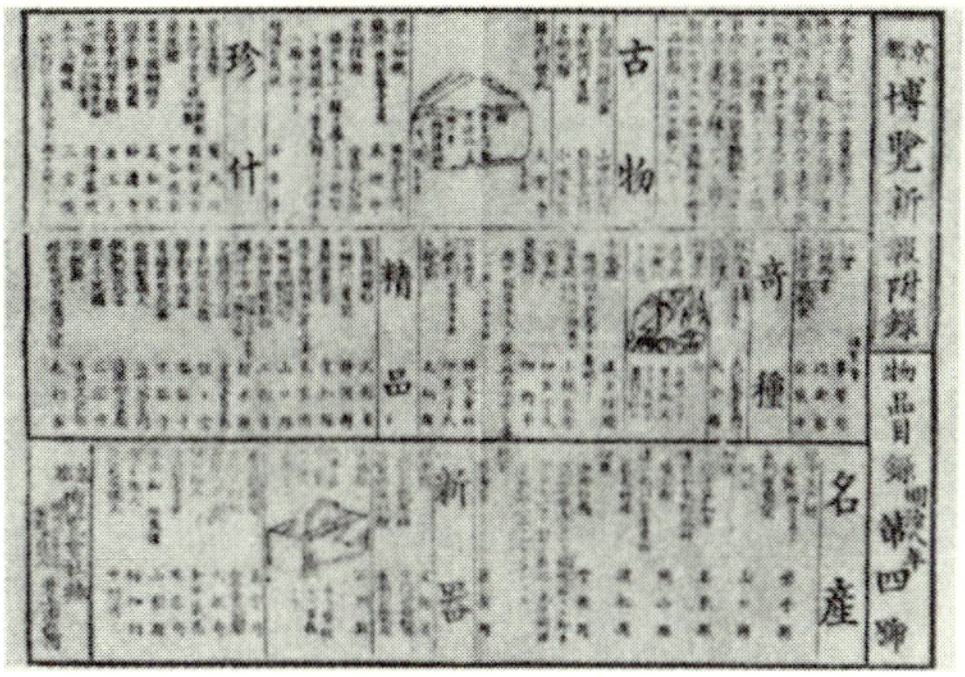

明治４年、京都の産業・商業・文化をさかんにするため京都博覧会がひらかれた。

博覧会もまた京都の産業振興のため設けられたもので、明治四年から十四年ばかり、毎年春期には年中行事のように開かれ、府庁の事務の半ば以上は博覧会事務であったといってよいほどであった。従って都市の改良や新施設が行われた。博覧会の間京都を外人にも開放して、遊覧させたから、市の体裁としてそれまでなかった辻便所を新設し、下水に溝蓋を作ることを強制し、また巡査の袖にはポリスと印をつけるなどのほか、外国人の宿泊のために、円山の世阿彌、祇園の中村屋、知恩院山門の南手の寺院をホテルにした。もっとも中村屋は狭いから食物だけであった。これらは明治六年のことである。

第一回の博覧会は明治四年西本願寺の座敷内で開かれた古物展覧会である。これは名のように寺院や民家から書画・骨董品・甲冑などを出品させ、また本草家の標本や薬種なども出品され鹿胎子の乾物というような物も陳列された。明治五年の第二回は本願寺、建仁寺、知恩院が会場にあてられ、この時には前年の古物ではいけないといって新物に名産品をもたくさん陳列してだいぶ性質が変わり、六年になってからは、古物などはあっても参考品ぐらいのことで、全く今日と同様の博覧会になったのである。六年から九年までは御所を会場に借り受け、十年には明治天皇が京都に御駐輦のために代わりに仙洞御所が貸し与えられ、この数年間春期の百カ日間は内外人が京都に来集し、都踊が行われ軽気球が揚り京都博覧会のために大変なにぎわいであった。

御所内の博覧会は紫宸殿から清涼殿の縁側を通り、神嘉殿すなわち内侍所まで、広い縁側に出品が陳列されていた。アメリカのカリフォルニア州にある農具会社から一人のアメリカ人をつけて農具を出品し、馬車まで出した。これは日本へ外国品出品の初めである。お常の宮御殿の茶席のあった庭には余興の競馬打球場が設けてあった。御所の東門を出て仙洞御所へ入ると景気を添えるため御池に舟が浮べてあり、祇園の中村屋が洋食店を出していた。庶民が紫宸殿から内侍所まで上れたことは今から思うと恐れ多いが、龍駕東行後、御所は諸侯の城池と同じように不用となり、宮内省では市へ御下賜になってもよいほどの意向であったからである。

明治十年に天皇が孝明天皇十年祭のために御帰洛になり、行在所は二条城というつもりを天皇はやはり御所の方をお好みになったから、御所は博覧会へ貸さず、代わりに仙洞御所を貸し下げになったのである。天皇は明治五年にも博覧会に臨幸になり、十年の時も御所から臨幸になった。その後、博覧会の用地として御苑内の東南隅を貸し下げられていた。

明治五年から外国人の来遊を勧誘したから翌六年には銅版で地図付の簡単な案内記を作った。それまで五港のほかは、外人は旅行もできなかったのであるが、この時から旅券を与えて外人の入洛を許し、遊覧区域は琵琶湖まで延長させ、香港あたりから遊覧に来た外人もあった。これが外人に内地旅行を許したはじまりで、後さらに内地雑居論が起こった。そのころまだ阪神間の鉄道もなかったから、入洛の道筋は神戸から汽船で大阪の松島へ着き、松島から高麗橋、すぐ川上の八軒屋から川舟で伏見へ、伏見から人力車で入洛する順序であった。旅費は神戸から松島間一人一円、八軒屋から伏見間上り三十七銭五厘、下り三十一銭二厘五毛、この川舟の一隻買い切り上りが三十一円、下りが十五円、伏見から車賃五十銭であった。これは外人の旅費である。当時金持ちの外人からは何でも余計にとったのである。

こんな珍しい日本最初の博覧会で物産の広告をする一方、祇園に大きな歌舞練場を建て、都踊りを催し、四方の遊覧人を集めたので博覧会は人気の中心であった。だから明治十一年の都踊りの唱歌は博覧会を題にしている。すなわち、

都名物

五月蠅なすかみのあらびし西のうみ波風なぎて長閑なる今年の春はいつよりも諸人つどふ博覧会合

まづ大内を始めにて昔の人は夢にだに見るよしもなき下ざまの賤山がつも許されて雲井の庭に掛ま

くも畏き殿《との》のそともより修学桂の離宮までおろがみめぐるありがたさ合さてもめでたき数々は西陣の織物柳桜をこきまぜて都ぞ春の綾錦かをり名高き宇治の茶合夏は川原の夕納涼暑さ忘れて捨扇に名ある御影堂軒端にかくるみすや針糸物細工こまやかに、可愛らしさよ京人形清水焼の品々祇園香煎山鉾の祭はよそに比類なき合　仲入

秋は紅葉の染物目を驚かす友染の紅入鹿子こき薄き稲荷の山の松茸合冬は初雪まづ白くくらまの山の杉丸太烟にしるし炭竈紅梅の光紅いろのよいのは水の徳かも川の源は白川石の色白き素顔艶なる小原女が戴きつれて黒木売緑は壬生菜八幡竹こき紫は芹川茄子黄なるは何ぞオオ東寺湯葉何れ都の名物は数々あれど其中にわきて頗るべっぴん（この語当時大流行）は都女郎と昔より名に流れたる鴨川の水際のたついでたちは比えひ嵐の花物言ひて月も恥らふ久方の天つ乙女の打群れて雪を廻らす舞の袖げにも都の踊てふ名もうべなりやみる人の語り伝へん鄙のいへづと。

博覧会と都踊りとで京へなかなかの金が落ちたのである。

明治五年オーストリーに万国博覧会が開催されたが政府も賛同して京都へ出品を命じてきた。府は府員西尾爲忠（梨本宮家来）を主任にし、さらに参考資料をえるため、吉田忠七、伊達彌助の両名を会場のウインナに派遣した。吉田は帰途横浜に上陸して無事であったが、伊達は海路をとったため、不幸乗船の難破から不帰の客になった。そこで山本先生は吉田の報告を基礎として、出品目録やその他オーストリー国博覧会明細書などを作らせ出品事務を完了した。なお府の出品については別に市内

製品の沿革および製造方法などを網羅し編集させたが、惜しいことに散逸してしまった。先生はさらに、のちに京都美術工芸品の真価を外国へ紹介するため、京都工業要覧を編集したが、完成しないうちに永眠された。

右のように京都は日本最初の博覧会を開き、万国博覧会にも熱心に事に当ったので、山本覺馬先生にもっとも知遇をうけた京都の丹羽圭介氏が後年政府から派遣されて万国博覧会の事務に当るに至った。

博物館

博覧会は初め博物館と博覧会を兼ねたようなものであったから、のちに博物館は御所の台所門の西の倉庫に別に設けられ、さらにまた勧業場の門内の西側に移して陳列され、ついに帝室博物館となり、近年それがまた市へ下賜された。今でも各地博物館に信仰の対象である仏像を陳列しているのは、当時迷信打破の目的で、那須與市の守本尊を府庁へ運びこみ、さらに勧業場内の博物館に陳列したことが悪例となったからで、今ではそれが習慣となり、仏教の僧侶でもこの汚瀆行為を黙視している次第である。

都踊り

古市踊りからとる　井上八千代　西京八景の新題　国語の事大思想

都踊りは明治四年博覧会を始めた時その余興として来遊の内外人に見物させるため、祇園一力の杉浦治郎右衛門らに内命し、型を伊勢の古市踊りにとって創始させたのである。踊りの振りつけは井上八千代の指導によってはじめられ今日に至った。初代八千代は舞踊をもって公卿たちの間に出入し、その舞は能楽の手が加味せられて高雅なので、八千代さんの舞といって市井の間でよろこばれ、よい家の娘たちにも教えていた。それが三代目になって祇園に入り、都踊りも八千代によって振付けされた。年々、題を改め趣向を凝らし、五十有余年を経た今日では、本元の古市踊りを押しのけ、チェリー・ダンス（桜踊り）として外国にも知られている。明治十二年の踊りの題「西京八景」は古い景物をすて、当時の代表的新施設を題としたもので人心の大勢に向かう有様も察せられる。その歌詞はつぎのようなものである。

西京八景

博覧会春色　四条橋夕照

製紙場清流　電信線行雁

中学校秋月　招魂祭夜雨

吉水園朝雪　停車場走烟

明らけく治る御代は年どしに、開くる四方の春霞、たな引きわたり九重の、都の錦織はえて、はたばり広き大みやの、内外せばしと置陳べ、みるめ輝く数かづは、ここらの人の月に日に、思を凝らし手を尽し、工争ふ品競べ合、御園の方を見渡せば、桜山吹名に高き、楓の梢青やかに、のどけき池の漣や、もも千万の鳥獣、あかぬ眺めに永き日も、帰るさ急ぐ入相の、かねをのべたる四条橋、夕暮てらす賑は、是ぞ名におふ加茂川の、東に見ゆる清水寺、音羽の滝の谷間にも、逆まきのぼる吹上げは、立寄る袖に時雨して、まだきに秋やたつ田なる、唐紅にあらねども、秋思ほゆる修学院、桂の里の宮所、近き梅津の名もかほる、清き流をせき入れて、新にたてし製紙場、万国一の誉ある、かみの御国は何事も、藍より出て猶青く、業もすすめり稲妻の、光伝へて千里まで言とひかはす電信もかけ渡されし針金を、斜に落る雁がねは、琴柱をたてて鳴渡る仲入秋の調べも澄渡る、月影高き学び舎の、窓によむふみはやまと、諸越西の国我劣らじといそしみて、国に報ひん志、立てて磨くや益良《ますら》夫《お》が、大和魂さきかけて、失にし人もその名をば、千年朽せぬ石ふみに、留めて祭る霊山に、時雨ふる夜は殊更に、物凄まじき小夜嵐、あくる朝の初雪を、いざみにゆかん東山、寒さもよしや吉水に、冬を忘るる薬湯や、木毎に花の春心地合南遥かに今や出らん真金路の、煙立たりおくれじと、車はしらす諸人の、往来たやすき時の間に、千里もかける海山に、日数重ねしこし方を、思へばおろか君が代の、めでたき今日に生れあひて、嬉しき事の数々も、猶行末はいかさまに、開けますらん限知らずも。

以前は板橋であった四条の大小橋が伏見製作所で作った鉄材によって鉄橋になり、清水の舞台の下の渓流に細い噴水の泉が上がるなど何れも人の好奇心をそそらないものもなく、明治十三年は京と大津間の鉄道工事中、その前に大阪との間が開通し、塩小路に京都駅が設けられたのである。

前にも書いた十一年の踊りの歌の最後に「わきて頗るべっぴんは都女郎と昔より名に流れたる」云云の句がある。この別品とか別嬪はそのころから流行し出した言葉で、老人にきくと以前は「美しいもの」といっていたのである。当時はまだ染色研究所といわないで純正な国語で染殿といったのに、維新の英傑は国語の事大思想から別品などいうこんな俗悪な漢語をはやらせ、陸軍でも「向うの高みに敵のものみが二三人現れた」を「前方の高地に敵の斥候二三名現れた」といわせ、今でも若い人達がアレンヂ色をオレンヂ色と誤った英語を国語に交え、文士詩人が「恋人、うき人」のやまとことばがあるのに「愛人」の中国語を用いて近代人ぶっている。これは維新の元老が国語の事大思想を直さないで、さらに油を注いだからで、遷都とともに行った二大過失といわねばならない。

伏見製作所

観月橋、四条大小橋の鉄材を供給

明治6年12月向島に起業した伏見製鉄所（鉄具製工場）、伏水製作所とも称した。

伏見製作所は時代の需要に応じて、土木建築の鉄材や鉄の機械を製作するため明治六年十二月新設された模範鉄工場である。水車によって水力を利用するため、伏見向島、豊後橋（観月橋）の下手に工場が建てられ、大熔鉄炉、送風器、鋳床、錐盤、円転機、削平盤、その他精巧な舶来の鉄工機械を金にあかせて備付け、府下はもちろん近府県の注文に応じて盛んに鉄工業を営み、そのころ板橋が鉄橋に架けられて、珍しがられた。四条の大橋小橋も観月橋の鉄材も同所が供給したものである。鉄管、喞筒《ポンプ》、その他の機械製作から伸銅などもこの工場で行われ、その能力と信用とは大阪造幣局長の仲介で韓国政府の造幣機械一切の注文を受けたことによって明らかである。

梅津製紙場　一名パピールファブリック

大工事、こまのように横に廻る水車　詩人廣瀬靑村が府の官員、塾生に洋学を勧める、下河邊ドイツ語学校から製紙場へ　技師の後を慕うてきたドイツの恋人　原料は洛中洛外のボロ　市中の問屋に販売を命じる　西郷戦争で新聞売上激増、地券用紙で大もうけ

梅津製紙場も時代の要求を察し、洋紙を製するために設立せられたもので、一名パピールファブリックといったものは、ドイツの機械技師によってはじめたから、記念のためにそう名づけたのである。梅津は桂川左岸、平家物語の横笛が滝口入道を慕っていく叙事に「梅津の里の春風の匂いもなつかしく」とあるその梅津である。紙すきは多くの清水が必要であり、そのうえ機械の動力は当時水力によらなくてはならなかったのに、京都の加茂川では水車を作るのに十分の落差がなかったから、桂川沿岸の地をえらんだのである。明治五年府は山本顧問と親しかったドイツ商人ハルトマン・レーマンを通じて、ドイツに新式の製紙機械一台を注文したが、回送の途中故障があって、三年後の明治八年に工場にすえつけられた。この工場建築はなかなかの大工事であった。石垣などの石材は別項記載の童仙房から献上するということだったが、石は無代。毎日牛車四台五台が重い石をひいてくるので、道路や橋が破損し、その修理費などもかかり、普通四、五万円の工事が二十万円もかかったそうである。しかし資金は芸娼妓の莫大な賦金が勝手に使えたので心配はなかったのである。工場の鬼瓦には牛の頭がつけてあった。多分牛肉、牛皮、牛乳などから文明開化の象徴としてつけられたのであろう。こ

明治９年１月、ドイツから器械を買入れ製紙工場を、梅津に作り、洋紙の製造販売を行った。

この動力用の水車は日本のでなく西洋式で、ちょうどこまがまわるように横にまわり、縦にまわるよりはその力が優れていた。そして工場は一般に参観させた。日本人のだれも知らない洋紙製造だから、その技師としてドイツ人エキスネルを月給金貨二百円で雇入れ、通訳にはのち医家へ養子にいって、その姓と医業を継いだ馬杉氏を雇った。これより、数年前中学校の欧学舎ができたとき、府庁の典事に青村廣瀬範治という儒者があった。詩で国内に有名な淡窓の義子で「火船烟散海濛々　破浪双輪去向東」など汽船を新題にして作った人であった。同じ淡窓の咸宜園の塾頭をしていて、漢法医で京都にいた櫻井桂村が明治十一、二年のコレラ病を古詩に作ったなど、何れもふるくさい頑固な人ではなかった。この廣瀬が自宅で四五名の少年に読書の世話をして塾とはいえないほどのこともしていたが、ある日府庁から帰り、槇村大参事が今後大いに洋学をやらねばならぬからといって、欧学舎を起こされ、ドイツ人の教師がくるから、お前らも洋学の勉強をせよといった。少年に下河邊光行という者があった。帰って父に相談すると父もその気になり、それでは英語、フランス語、ドイツ語何れを学ぶがよいかとなると、勧めた青村先生にもわからない。教師はドイツ語と英語を兼ねるがドイツ人だからドイツがよかろうと、下河邊はドイツ語学校へ入った。梅津の製紙場設立については何時までも高給の外人を雇っておけない、速くその技術を習得せねばならない。それも京都繁栄のためだから京都人にというところから、当時ドイツ学校にいた下河邊を通訳兼見習のために製紙場へ入れた。

そのころ品川彌二郎の世話でドイツへ留学していた山崎喜都眞という人が帰国した。製紙術を学んできたが、中央政府でもまだその技術を必要とするところまでいってないので、品川が同藩の槇村に梅津の製紙場へ使ってやってくれと頼みこんだ。槇村はいやともいえず、月給四十円を与えて技師に雇った。この山崎にはドイツで契り合った女性があった。この女は山崎の帰国後一人の母親をふりすてて、恋人の後を慕って、はるばる日本へ渡ってきた。世帯道具一式を携えてきたので、山崎は早速その女性と西洋風のいわゆる愛の巣を営んだ。この細君は賢い女で何もかも日本に同化しようと努めたが、何分彼我の生活の程度が違ったから、山崎は四十円では暮らしがつかず、品川に泣きついたが、暫く辛抱せよといわれ、あと三四年すると品川の農商務省の方へ使われた。エキスネルは契約期限が満ちると解雇しそれまでに下河邊は相当に覚えこんだから、その後は日本人のこの技師二人で技術方面を担当していたのである。

製紙の原料は主として木綿ボロを用いたのである。それまで紙屑屋が最早古着屋の顧みないような破れ着物、破れ足袋、その他の木綿ボロを洛中洛外で買集めた分量は莫大なものであったが、それからは染料の藍を抜き取るばかりで、ボロその物は用途がなく、ただ捨てたものであった。そのボロの廃物を利用して紙にすいたのである。製造された紙は今の新聞紙用のザラ紙の上等の物であった。のち藁をも原料に用いて、これはボール紙に製造された。そのほか色紙・半切・半紙なども製造された。製造能力は毎日二千ポンドで当時の値いでポンド十銭、金額二百円ほどの物であった。

販売方法については府は京の紙問屋中井三郎兵衛、大森治郎兵衛その他初田など都合五人を府庁へ呼び出して販売を命じ、その店へ名誉ある京都府御用達の看板をかけさせた。紙屋が製紙場へ行くと、幅六尺長さ無制限という紙だから、日本紙を使っていた人たちは驚いている有様、使い道がなく、製品は堆積するばかり。そこで紙屋の請求に応じて、半紙版や美濃版に切ってやって売らせた。府は損益をあまり眼中におかなかったので、その収支は苦しい計算であった。ところが梅津製紙場に息をつかせたのは西南戦争であった。山本覺馬先生は江藤新平の乱で桑苗が売れなくなり損をされたが、梅津製紙場は西郷戦争で大いに儲けた。それまで洋紙はたいてい舶来品で、新聞用紙には和製の駿河半紙や唐紙を用いていた。西郷が戦争を始めた、新聞がそれを報道する、熊本の籠城、田原坂の激戦、桐野利秋がどう、篠原國幹がどうしたのと、人びとが新聞を引張り合って読むようになって、新聞の売高が激増した。そしてその新聞用紙が梅津でどしどしできたのである。引き続いて地券の用紙を一手で製造して大儲けをした。全国の土地所有者に地券を交付するのに東京でもその紙がなかった。それで梅津で一手に引き受けたのである。この製紙場はさらにまた印刷機械をすえつけて、当時需要が増加した諸官署や銀行会社の帳簿を調整して、東京そのほか諸方面へ売り込んだ。

梅津製紙場はこのような状態で成功の途をつき進んでいったのに、府の事業整理のために、大阪の

梅津製紙工場

相場師磯野小右衛門に払い下げられ、磯野は松原烏丸に店を開いて製品を売りさばいた。払い下げ金は三万円と残金は有名無実の年賦ということである。この工場はいま、富士製紙株式会社の工場になっている。数年前イギリスの雑誌『評論の評論』誌上に紹介された医術公営の可否論と、府立療病院設立の社会政策であったことを比較し、この官業梅津製紙場とロシアの産業官営主義などを思い合わせてみると、明治初年に京都の行った府政の治績は今もなお経世家に何かの暗示と例証とを与えているのではないだろうか。

写真用レンズの模造

一枚五百円もしたレンズ

慶応二年ごろ中澤帯刀という人がわが国へ写真術を伝えた。けれども、当時舶来のレンズ一枚の値が五百円もした上、容易に手に入らなかったので、中澤は山本覺馬先生にその模造を相談した。先生はただちに仏光寺堀川西入る北側の眼鏡屋、吉田佐兵衛に命じてその模造法を研究させ、再三失敗ののち、遂に模造に成功した。まだ十分ではなかったが、当時の写真業者がその恩恵に浴したということである。当時徳川慶喜公が三条大宮西の若狭屋敷にいたとき、そこに一枚のレンズが伝っていた。それによって模造されたともいわれている。

牧畜場　農学校　養蚕場　栽培試験所

牛乳の飲用を医者から勧めさす　飲むと色が黒くなる　小牧仁兵衛に払下げ

明治5年2月、鴨川荒神口東に牧畜場を設置し、外人教師を雇い畜産を生徒に教えた。

明治五年二月知事長谷信篤は大蔵省の訓示に基き、その施設方法を顧問に諮問して全国に率先し、明治初年に官設の旧練兵場川端荒神口（今の帝国大学病院敷地並に京都織物会社敷地）に京都牧畜場を起こした。その前年医薬出身の府少属明石博高がドイツ人レーマンと謀って、管内の所々から乳牛を徴発し、搾乳を始めたが需要者は少なかったので、一般に牛乳の滋養を説き、医者にも病人に勧めさせ余った乳で煉乳を製造したが、のちこの牧場へはデブオン種牛牡牝二十八頭を輸入し、繁殖と搾乳につくし、同時に剪毛用の緬羊《めんよう》を輸入した。急進主義で牛肉のすき焼には舌つづみをうった槇村知事も牛乳を飲むと色が黒くなりはしないかなどといって、さすが牛乳飲用にはとまどったのであるが、遂には他の先覚者に追随し牧畜を奨励することになった。それいらい十数年のちまでは医療に用いる牛乳さえこの牧畜場以外からは得られなかった。池袋氏の日記には明治十七年に京都で牛乳を売る所はここ一か所としてあるいがいに牧

明治４年４月、養蚕場を設置し、植桑、養蚕製糸を指導し且つ奨励した。蚕業試験所の前身である。

場はなかったのである。明治九年相楽郡童仙房の住民の希望をいれ洋牛を貸与して、その繁殖を図り、また同年十月丹波船井郡須知村蒲生野に農牧学校をさえ創立し、アメリカ人ウィードを招いて教師に任じ、広く生徒を募集し、繁殖、搾乳、原野開墾などを指導教授させた。十一年には香取種畜場（今の下野御料牧場）から洋種牡牛の貸与を受け、牛種改良を行った。その結果次第に諸方に搾乳業も起こり今日の盛大をみたのである。のちに京都牧畜場は十二年六月、その飼養する畜牛全部、すなわち牡牝四十三番《つがい》、犢二十頭、地所建物一切を一万八千円の価で小牧仁兵衛ほか二人に払い下げられ、間もなく廃校になった。

山本覚馬先生は蚕業のことにも熱心で自らも開拓会社を起こされたほどであった。だから府は授産のため、寺地や藩の屋敷跡に桑を植えさせ養蚕を奨励し、公卿やその子女まで養蚕のことを習わせて遊食の者がないように努めた。それで明治四年鴨川の河岸に養蚕場を設けて、養蚕・植桑・製糸の改良などに従事させた。府はまた六年四月には栽培試験所を勧業場前の畑に設け、内外の蔬菜・果樹類を栽培して改良を図り、優良な種苗を希望者に分配し、また代価を年賦償還として管内の農家に貸与した。

童仙房の開拓

五十町四方の大高原　最初は士族救済が目的　京都府支庁　田畑百三十四町と人家二百戸を作る

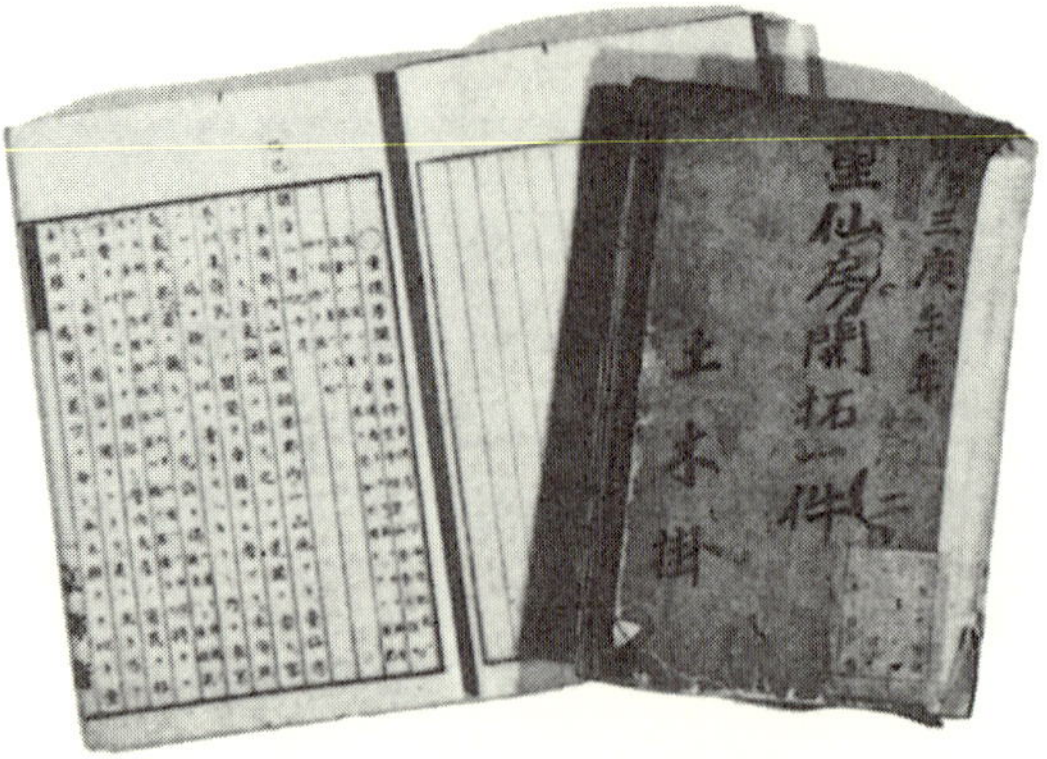

（京都府立総合資料館所蔵）

童仙房は笠置の東、すなわち笠置谷と和束谷の中間にある山上の高原で、東北隅は江州甲賀郡に属している。東西およそ一里十八町、南北およそ一里十町、面積千二百町歩に余る広野である。旧幕府時代は無税地で、だれの領地でも何の村の所有でもなかった。西南隅は藤堂藩の領地に接し東南隅は柳生藩の領地と境界し、東北隅は江州、西と北とは天領であった。それで藤堂藩と柳生藩と天領との人民が勝手に立入って樹木を伐採などし、果ては村民同士の所有権争いとなり、正徳年中には争いを京都まで持ち出して訴訟沙汰になった。何分確かな証拠がないので判決が与えられず、明治の政府になるまで持ち越されていたが、廃藩置県で何領ということもなくなり、争いもやんでいた。けれども政治的大変革に社会的の大変革が伴って、武士は扶持を離れ、商工者も業を失い、治安上からも彼らを救済しなければならない状勢になったから、折から鋭意産業の振興をはかっていた京都府では、その人たちにこの高原を開拓させる一挙両得策を考え出し、大蔵省の許可を得たうえ、明治三年二月少属土木掛の市川義方に実地を調査させ、同人を開拓掛として無職の者を移し、家を建て食を与え、農具を与え土地を分配して開拓させた。最初は主に士族を救済するつもりであったが、士族には政府から禄に代わる公債を与えることになったから士族の移住は中止となり、市中や郡部の有志者を移住させた。

童仙房の開拓には京都府はたいへん力を入れ、そのような不便な地には京都府支庁をおいて、南山城の二郡をおさめさせ、神社・寺院・学校・郵便局を設け、また人民の求めに応じて乳牛を貸与し、百方保護奨励したので、一時は二百戸の戸数となり、田畑も百三十四町歩に達した。五穀・野菜・甘藷・馬鈴藷・茶・竹・桑などないものはなく、そのうえ数種の粘土を発見して陶器を製造し、この高原に楽しい別天地を作る勢いであったが、地味や気候が悪く移住者もまた悪かったのか、今は衰えて三十戸ばかりに減少し、学校も本村大河原小学校の分校となっている。なおその方面で柳生藩の家老某が蚕を飼育したことがあり、その資金におみやげ金のいくらかを貸し付けた。しかしその事業は士族の商売に終わった。

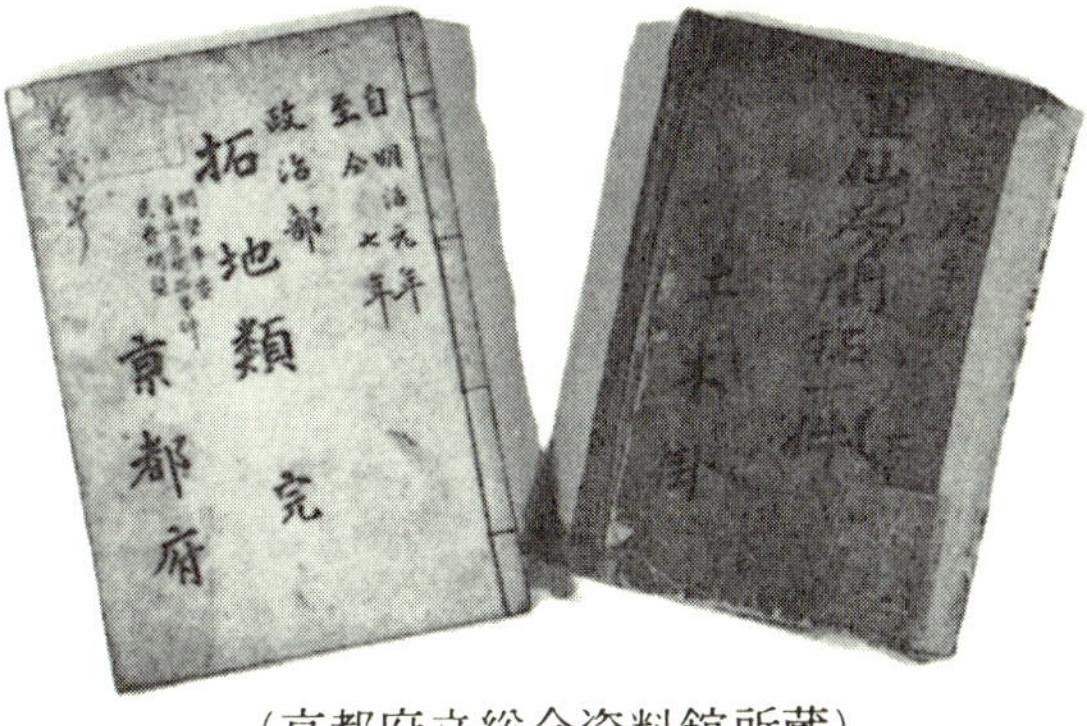

（京都府立総合資料館所蔵）

電信線架設と私設鉄道敷設発企

政府が一寸待てで果たせなんだ

明治四年京都府は府の技師に、京都大阪間に電信架設の測量をさせたことがある。そのころ大阪神戸間に試験的に電信が通じていたが、公衆一般にそれを利用することが許されていなかったのに、それより先に三条大橋と高麗橋との間に十里三十五間の実測を行い、立案製図のうえ、太政官へ伺い書を出した。ところが、協議の必要があるからしばらく待てとの指令があって、間もなく政府の手で架設された。

明治五年山本覺馬先生は豪商有志を説いて資金を募り、敦賀を起点として大阪に至る私設鉄道敷設のため、京都鉄道を発企し、親友であったカール・レーマンを主任とし、願書を工部省へ提出した。そのとき政府は日本最初の鉄道、東京横浜間の鉄道を計画中であったから、これもしばらく待てと指令してきた。許可されていたら、この方がまた他の新施設と同じく、日本最初と呼ばれるはずだったのである。政府はこの計画に刺激されたのか大阪から大津までの鉄道が開通すると、直ちに敦賀までの工事に着手した。

霊山招魂場

平野國臣のこと　梁川星巖、木戸孝允らの墓

明治三年府は司獄官とはかり、王政復古の大業に殉じた平野國臣らその他の志士の招魂場を東山三十六峰の一である霊鷲山に設けた。場所は清水高台寺間の山腹の勝地であるから、今は多く忘れられているが、そのころは広く宣伝されて新しい京名所となったものである。平野國臣は蛤御門の戦いの時兵火が六角の牢屋へのびようとしたので同囚の多くの志士とともに斬殺せられたのである。歌人香川景恒は國臣の「立騒ぐ四方の白浪おさまりていつ浦安の名にかへるらん」を調べよい歌とその歌日記でほめている。別項佐久間象山の赤誠を天聴に達した梁川星巖の墓は南禅寺にあるが、別に霊山にその碑が建てられている。星巖は近代漢詩家の父であって、伊藤博文公に愛せられ、詩により文学博士になった森槐南の父春濤もその門人である。星巖は安政大獄のブラック・リスト（えんま帳）の主な一人であったが、捕手が川端の宅へ踏み込むとこの老詩人は死んでいたのである。維新三傑木戸孝允と夫人お松の墓もここにある。加茂川の橋の下に乞食に化けて隠れていると三本木の町芸者お松がにぎり飯を捨てにいった話は今も伝えられている。京に縁故の深かった木戸孝允は明治十年死去し、朝野ことに京都の士女の悲しみの中に葬られ、当時清水祇園の間を通る人は婦女子でも霊山を指して、あれが木戸さんのお墓だといったのである。

小野組転籍事件、槇村大参事の拘禁とその釈放運動

官軍の勘定方小野の功労　金融難と岩倉、大隈諸公の救済　小野の転籍請願と出訴　府庁と裁判所の喧嘩　長閥と江藤新平の争いとなる　顧問の槇村釈放運動　名妓お千代を中に槇村と北畠治房のさや当

山本覺馬先生が、拘禁せられている槇村大参事を救うために、東上せられた小野組転籍事件は、中央政府の大問題となり、今では明治政史の一部になっている。これは司法部と行政部との争い、行政裁判や陪審制度の始まりとなった事件であった。小野組は井善といい、三井や大丸と肩を比べた京都の名家で、維新のさい官軍は無一文だったのに、その勘使所すなわち勘定方となり、財産と身命とをかけて朝廷につくしたその功労を思えば、実業家としては何人よりも小野氏が授爵せられたはずなのである。今でも廟堂の長閥と他の藩閥との勢力争いと、財界における三井と小野との争いが相関連して、小野が倒されたのだと説かれているが、小野が突然金融上の大厄難に遭遇した時、岩倉公や大隈重信卿は、維新の功労者である小野組は取り壊してはならないといって、三日間も協議の上、大隈卿によって救護されたのである。そのとき小野組は時価二十円に下落していった旧公債を買って政府の預金を返済し、なお百六十万円余った。小野の倒れたのは他の事業のためである。これは小野組の当時の支配人の話である。銀行は明治五年井上馨と大阪の五代友厚、小野善助、支配人江林嘉平が組合銀行を起こしたのが初めで、今の第一銀行は最初三井と小野の協力で組織され三百万円の資本金のうち百万円ずつ両家が、他は長州阿波の藩主が主として引き受けたのである。それより少し前、歳計予算に

ついて、議論が積極主義と消極主義の二派に分かれ、大隈そのほか多数の参議は前者で、財政緊縮を主張した後者の井上大蔵大輔やその下の澁澤子爵、福地源一郎らはストライキの辞職をしてしまい、澁澤子爵も職業紹介所へ行くほどの小身者ではなかったが失業者になった。そのとき大隈侯は澁澤を銀行で使ってやってくれないかと申し込み、澁澤がそれまでとっていた三百五十円の月給を出すのは困るというと、大隈侯はいやそれより少なくてもよいといったので、それから澁澤子爵は第一銀行の事実上の頭取となったのである。

そのころ御用商人が銀行業あるいは為替業を営むには、戸籍の謄本が必要であるという規則であったから、すでに東京で為替業をやっていた小野組は必要のたびごとに京都からとり寄せていては煩わしいという理由で東京へ転籍しようとした。ところが知事の実権を握っていた槇村参事は富豪が京都を去っては徴税や寄付金の関係もあり、京都が衰えるから、許さなかった。そこで小野組では地方官が人民の諸願届をにぎりつぶしたり、移住を妨げたりした場合は裁判所へ出訴してよいという司法省令により、府を相手どって出訴したのである。当時司法部の実権を握っていたのは参議江藤新平で、この精悍な江藤は行政方面の薩長閥の専横をにくんでいたから、これを機会に長閥への頂門の一針をつき刺すいきごみで、往年の天誅組の志士北畠治房を京都裁判所長に任命して、この訴訟を裁かせた。訴訟はもちろん小野の勝となったが、府の方は太政官へ伺うなどといって送籍せず、裁判所へたてついたがため、裁判の受書を出さなかった罪によって、長谷知事や槇村参事は懲役二十日に代える罰金六円を課せられた。この時の府の態度も裁判所をばかにしてかかったもので、國重正文（のち山縣公の言葉で莫大な収入のある稲荷の宮司になった人）が二十歳未満の白面の書生丹羽圭介を知事代理として裁判所へやって申し渡しを受けさせた。その時北畠はその方は何者だ槇村の若党かといった。まだ若党などという言葉のあった時代である。しかしまだ伺中といって受書を出さなかったため、北畠は憤慨して槇村拘禁のことを司法省へ上申し、問題が中央政府に移った。そしてとにかく槇村は東京で拘禁せられた。右のことは明治六年五月から八月までの事件の経過である。

京都府では府の首脳者が牢へぶちこまれたのにあわて、いろいろの人を東上させて、槇村を救済しつれ帰ろうとしたが、問題がもうそんな容易い問題でなくなっていた。木戸孝允と江藤新平側とが対立した太政官の間の問題になっていって、この槇村を裁くため、参座制という陪審制度まで新たに設けられたほどであった。府ではこれではならぬ、法律にも明らかで、人びとからもよく知られている山本顧問を煩わして話しあってもらおうということになった。それで山本先生は妹の八重子が付添い、京都から横浜まで人力車でぶっ通し、横浜からは前年二月日本で最初にできた汽車というものに初めて乗って東京へ入った。他の乗客をみると多くは目がくらむといって床に座り腰掛へ面を伏せていた。先生は東京では以前から府の人がいた八丁堀の三井の抱屋敷に滞在し、妹に負われて岩倉具視公、木戸参議、江藤参議を歴訪して、槇村の釈放に力を尽くした。岩倉公へは岩倉家にいた山科能登介に便宜を計らせた。山科は明治天皇の按摩をしていた人で、山本先生を座敷牢から出すのにも尽力した人である。木戸参議はのちにその事件で上申書を出し司法官がみだりにその権力で大官を拘禁する非を論じたが、そのとき府の顧問には自分と槇村とは同藩であるから、どうすることもできないといった。

槇村釈放のことはなかなか困難であったが、この間に一層重大問題の征韓論が起こって、十月に江藤新平は武断派の西郷、副島、後藤、板垣の諸参議とともに総辞職し、政治は先年欧米巡遊のさい新島先生が案内役を務めた岩倉・木戸ら文治派の自由になるようになった。その結果木戸参議の意が行われ、山本先生の努力の功もみえて、山科の主人岩倉右大臣から槇村の拘禁を解くべき特命が司法省へ通達せられ、今度は司法大輔福岡孝悌《たかちか》以下が憤慨して総辞職することとなった。そしていろいろな曲折をへたが、法規は曲げられないから年末の十二月三十一日に長谷知事も槇村参事も懲役百日、その罰金として知事四十円、槇村三十円という判決が下って結末がついた。山本先生は八月から十二月まで東京に滞在されたのである。

歴史の裏面には女がいるといわれているが、この事件にも女がからんでいた。そのころ祇園にお千代・お加代と並び称せられた名妓があった。明治以来六十年間祇園にはいろいろの名妓の名が現われては忘れられたが、この二人の名は今に語り伝えられている。明治十年の七月廓の練物があって、芸妓が練り歩いたとき、雨降りになったか雨上がりであったかで、街はひどいどろんこであったのを、官女に扮していたお加代がその晴着の裳裾をどろんこにひきずって歩いたので、全部の人びとは彼女の豪奢に驚いた話もある。お加代はのち落籍されて、三井家で老いたから三井の金力でそんなことをしたのだろう。一方お千代は小野組転籍事件のころ京都の権力の権化槇村を旦那にもっていた。それを知ってか知らずにか、一夜北畠治房がお千代に挑んだところが、妾《わたし》には槇村さんという旦那があるからと、北畠をはねつけてしまった。それで槇村と北畠の公務上の争いはお千代をはさんで嫉妬と憎悪のさや当てから、一層はげしくなっていくというわさが盛んで、北畠が庇護してやった小野組の内でももっぱらうわさをしたものである。これを知って北畠の司法大輔への上申書の一節「正直ノ法律ヲ侮辱スル更ニ之ヨリ甚シキハナシ、則チ朝憲何ノ立ツトコロアラン。治房此ニ於テ実ニ切歯扼腕ノ至ニ堪ヘザルナリ」をよむとその憤慨にも多少混りものがあるようで、苦笑を禁ぜられない。槇村正直が祇園町で舞妓に手を引かせて歩くのは周知の事実で、不人望の一原因であったのに、山本先生は盲目のためお千代の美しさを知らず、妹八重子がこのうわさを告げると、槇村に限ってそんなことはないと、かえって叱られたということである。

小野組が旧公債を買って差引百六十万円残ったという話は当時の為替方の重役江林嘉平氏の談話であるが、それなら小野は倒れなんだはずであり、第一銀行五十年史や澁澤子爵の自伝中の記事などを参照し、今度聴く必要があると思っているうちに死別することになった。百六十万円の数字にはもっといろいろの事情が含まれているのではなかろうか。

フランスへ留学生派遣

中学と師範学校から八名選抜　フランス語学校　富井政章博士の苦学　菓子屋の息子稲畑勝太郎　西洋人の妻をつれ帰った佐藤友太郎

向って左から佐倉常七、井上伊兵衛、吉田忠七。（明治５年フランスリョンで撮影）

明治十年京都府は一団の留学生をフランスへ派遣した。それは純粋の学術研究のためでなく、京都の産業を振興発達させる目的で、応用工芸を研究習熟させるためであった。なおその学資金は御下賜金から積み立てた利子の一部であった。これを貸与したもので、のち何年かでことごとく皆返済したという説もあるが、留学生その人の話では全く給費でだれも返済の義務を負うていなかったのである。その学資はいつも、連れ帰ったジューリーへ送り、学生は小使銭だけもらっていたのである。留学生は中学校内のもとのフランス語学校から四名、師範学校から三名、中学校から一名で、すべてで八名であった。

ここでもう少し詳しくフランス語学校のことを記すと、最初学校は長崎の領事であったフランス人ジューリーを教師として木屋町の民家で開かれ、つぎに河原町の高田別院に移り、さらに知恩院に移り、最初の生徒は十数名にすぎなかったが、知恩院では百名になっていた。生徒の中には華族もあり、またジューリー夫人が女生徒を教え、のち東京府知事になった松田道之氏の夫人も女生徒の一人であった。教師は外に通訳助教として長崎からきた原田輝太郎（のちに陸軍大佐）、廣瀬源八、伊藤某の三人であったが、知恩院での三年で、以前からの生徒が語学に習熟して通訳助教になっていた。フランス語学校が廃止され、ジューリーが東京の開成学校へ転じたとき、ついていった人びとは官費生にされた。富井政章博士、高木豊三博士、黒瀬獣医博士らはフランス語学校以来の同窓生であった。そして官費が廃止されると学校もやめ、久しい子弟の間柄から、ジューリーの教師館にそのまま いた者もあった。しかし、京都府では以前から留学生派遣の話があって、ジューリーの帰国のさい、留学生のことを委託したのである。富井政章博士はそれよりまえに司法省のシュスランについて渡航したので、一行ではなかった。富井博士も府から派遣する考えであったが、その父も府の拘束を受けることを好まず独立で渡欧し、ジューリー氏の世話で日本外史を翻訳し、それを学費に非常に苦学したのである。一行は横浜から香港へ直航し四十五日でマルセーユへ着いた。

立命館大学初代学長富井政章博士
（京都新聞社提供）

フランス国留学生の名と研究の事業は次の通りである。年齢は今西十九歳、稲畑十六歳でたいていその位であった。

稲畑勝太郎　染物
今西直次郎　製糸・撚糸
横田万壽之助　製麻
横田　某　不明
中西米次郎　機械

歌原十三郎　鉱山
近藤徳太郎　織物
佐藤友太郎　陶器

これによって府が如何に京都の繁栄を企図したかがうかがわれる。このうち横田某は一年後に客死し、歌原も鉱山学校を卒業して間もなく死に、帰国したのは六名である。

最初は語学を勉強するため、マルセーユの小学校程度の学校に入り、夏休みはジューリー氏の故郷で暮らした。そののち一行はリヨン市のモンテサンバルテニィ学塾に入り、一年後別々になって学校や工場へ入った。稲畑氏はさらに他の学塾に入りリヨンのマルチニェール工業学校三年の課程を卒業して、さらに同地のアルナス氏の染色工場に徒弟として学び、その後も博覧会の用事でなお滞在し、十八年に帰国したが、十四年に帰国した人もありまちまちになっている。

この留学生で一番出世した者は行くときは三条東山線の菓子屋亀屋の子息、現大阪商工会議所会頭稲畑勝太郎氏であろう。もっとも京都人を驚かした人は佐藤友太郎氏である。佐藤氏は金髪碧眼の細君をつれて帰ったからである。氏が京都陶器会社技師として東福寺門前の薄汚い街道に住んでいたとき、日本の浴衣をきて軒端に涼んでいる西洋の細君が行く人の目を驚かし、相ついで生まれる子供が近隣の人たちを驚かし、また夫婦喧嘩をしては西洋の女でもあの通り焼餅を焼くのかなあと怪しまれていた。しかし他の不徳義な日本人と違って、その愛に忠実に、国際結婚に成功したのもまたこの留学生一行のかち得た大きな土産といわねばならない。その娘は母親に似て今は音楽家になっている。

新施設の廃絶、失敗、犠牲

疏水事業の犠牲　中学校を本願寺の慈悲で維持した府教育の汚点　農耕事業の失敗　江藤新平の乱で山本先生の桑苗がうれぬ　伏見の鉄工所韓国政府に十四万円倒され倒産、徳大寺家々来の切腹　明石博高零落　山本先生の配下朝鮮事変に討死

京都府は明治の初めから十余年間、鋭意文明開化の新事業を起こし、京都人の気風を一新したが、明治十四年槇村知事が元老院議官に栄転し、北垣國道氏が来任すると、前任者の事業は中途で挫折し、その代わりに琵琶湖疏水の一大事業が計画され成就された。北垣知事は槇村知事の治績に負けない事業を仕遂げる功名心とともに、琵琶湖疏水の大計画を抱いてきたのである。しかしこの大事業の完成もまた御下賜金という土台があったからである。北垣知事が一意専心疏水事業を進めるためには槇村前知事の事業が挫折し、あるいは廃絶したのは自然のなりゆきであった。槇村元老院議官が疏水事業に反対したのも無理とはいわれない。琵琶湖疏水は北垣氏の一大功績である。京都が水力発電所でも、市街電車の運転でも日本最初の功名を博し、今日京都七十万の市民がつきることのない清浄水を汲むことができるのは北垣知事の力によるのである。しかし北垣知事の功名心のために有益必要な事業がなおざりにせられ廃棄せられるといううきらいがないでもない。

人材を養成する教育事業は北垣時代に確かに衰えた。明治二十一年から五年間、日本最初の中学校が経済困難という理由から、大谷派本願寺に経費の支弁を仰ぎ、僧侶が校長となって、生徒は僧侶学

生と共通に教育させられた。堂々たる府の教育が一宗派の厄介になったことは北垣知事の治績に一大汚点を遺したものである。多額の資金を投じた梅津の製紙場は半ば有名無実の年賦で磯野小右衛門に払い下げられた。代表的な施設の末路も悲惨である。舎密局も伏見の鉄工所も払い下げられてしまった。舎密局は時勢のきびしい中でも、長く継続され、今日では大理化学研究所にまで進化させておらねばならない施設であったのである。日本人は科学思想に乏しい。政治・法律・経済など法科万能主義である。わずかな生産物の分配を争うことを煽動して、その少ない生産を多くすることの工夫をしてやらない人物を養成している。そうでなければ銀行会社の書記を養成している。国の富強と平和との根源は山本覺馬先生が府の顧問として極力奨励された利用厚生の実学にある。科学思想の普遍にある。だから舎密局は日本の模範的理化学研究所に仕上げなくてはならないのだ。しかるにこの大切な事業も後任知事の功名心のため廃絶してしまったのである。

京都の新施設の中でも時勢に先んじていったために失敗したものもあるが、文明開化の新気運を促し、京都人の知見を広め、進取の気を鼓舞した大局から見るなら、必ずしも失敗でなかった。しかし新事業に熱心の余り、熟慮を欠き調査が不十分であったため、事業そのものが失敗した例もある。童仙房の開拓もその一つである。童仙房は淋しい本村からまだ一里も五十町も離れた山奥の高原で気候が寒冷であるため耕作に適していなかった。また移住民に娯楽がなかった。そのため開墾の当時に二百もあった戸数は今日三十戸に減り、府の功績を空しい記文に遺して現実の失敗を物語っている。府は産業奨励のため洛外の地に茶を植えさせた。葱や芋の名産地も、大根や瓜の名産地も、一時は五月になると茶の焙炉の香が行く人の鼻をうつほどで、いたるところに茶園が繁栄していた。しかし宇治木幡以外の地の地味が茶に適せなかったためではなかっただろうが、多分生産過剰のために農家にはたいした収益もなかった。洛外のある地主が二十年間製茶をしているが、米の自作位しか収益がない。二十年間に一年だけ大分に金が取れたと語ったほどであった。それで洛外の地などはりっぱに繁栄した古い茶の木をすてて続々もとの素畑にしてもとの野菜を作っている。

山本覺馬先生は貨殖の道に暗くはなかったが、不測の失敗もあった。殖産致富の道と女紅場の女学校で養蚕紡績の女紅を教えるとともに桑の栽培を奨励したころは、同志社の現敷地が桑畑であった。今度の御大典の饗宴場の東の築地の内側の地も桑が植えられていた。その土地は一時新島先生も所有せられたが、のち三坪十銭で宮内省へ買上げられた。このように桑が植えられたから、山本先生は岡崎辺で自ら発起した開拓会社の桑苗を作った。そして幕下の少年丹羽圭介氏にも、「丹羽さん、君も桑苗を作って学資のたしにしなさい。桑苗はいくらでも九州方面へ売れる」と一段何十万という割合の桑苗をべた蒔きにし、前年は一万本五十円に売れ、十円まで引合ったからと、ともに大利益を期待していた。ところが江藤新平の乱のために桑苗が売れなくなり、そのまま生育しては根を地に下して引けなくなるから、やむなくせっかくできた苗を、すてたという大失敗もあった。

新施設の最大の犠牲は舎密局と伏見製作所の没落である。伏見製作所は二回も凶事が起こったところである。府の勧業課長は事業視察のため伏見へ出張し、宿屋でうちくつろいだのち、浴衣がけで工場を視察したところが、不幸にも機械に袖をまき込まれて腕か足かをとられた。最後には徳大寺家の家来遠藤愼重が製作所の大厄難のために、工場内で切腹した。これよりさき明石博高は自らの手塩にかけた府の事業がむざむざと人手に渡されるので、愛惜の念にたえず、舎密局と伏見の鉄工所をみずから払受けて経営を続けた。そのころ韓国政府が貨幣鋳造の機械がいるので、大阪の造幣局長の仲介で、当時最も信用できる伏見製作所に、その機械一式の製作を注文してきた。請負うた金額は十四万円であった。ところが機械の製作も完成に近づいたとき、明治十五年の朝鮮事変が勃発した。朝鮮事変とは明治七年の台湾征伐、二十七年の日清戦争、三十七年の日露戦争とともに明治外交史の大事件で、このとき花房公使は身をもってのがれ、日本の勢力は韓国から追放された。日本の敵である中国に指揮されて、日本敵視の韓国新政府は前政府の契約には責任のないことを言明し、伏見製作所への注文を破棄してしまった。無論損害の補償などはしない。十四万円は当時の銀行の資本金ほどである。それが一晩の間にあと方もなく消え去ったのである。この不測の厄難のため伏見製作所は没落した。明石博高との協力者であった遠藤左近（一名）は思いつめたあまり製作所内で切腹したのである。医者に食落しのない明石は以後、ちまたに隠遁して、もうそのころではおくれている自分の医術で生活するために、聴診器を携えて病家を歩き廻り、窮迫した後半生を送った。

十五年の公使館襲撃事件に山本先生の配下が殉じた一挿話がある。同人社の出身で先生に引き立てられた会津人で水嶋毅一という人があった。花房公使が先生にアメリカ種の綿を求めて作った縁故から、この人は府から朝鮮公使官書記生に転任し、花房公使の幕下にいた。大胆豪快な人物であったから、公使館襲撃のときには最後まで公使館に踏み止まり、斬って斬って斬りまくって討死した。あとで死体を調べるとたいへんな傷を負うていた。

同志社創立その他

新島のつたない英語の雄弁　アメリカ伝道会社 牛に引かれて善光寺詣　木戸孝允と勝海舟が新島を紹介　宣教師が『天道溯原』を先生に贈る　同志社の広告文　理学士レールネデ　京都最初の演説会　北垣知事も府政の相談　疏水の資金は山本先生の入知恵

同志社は新島先生がその計画を外国から持って帰られ、アメリカ宣教師たちが先生と協力し、内では山本覺馬先生が助成せられたものである。同志社の設立は新島先生が帰国少し前、アメリカベルモント州で開かれた組合教会でされた演説に始まる。人はみな新島が滔々たる雄弁をふるって寄付金が集まったように思うが、事実はその雄弁はまずいまずい雄弁であった。おえつと熱涙の雄弁だった。新島がいよいよ日本に帰るから大会で告別の辞を述べさせることは決まっていた。けれども新島先生があらかじめ学校設立の話をされると、岩倉公がグラント大統領にキリスト教徒処刑の事を指摘せられて、にわかに人を日本に帰し、切支丹邪宗門の禁札を取除かせて間もない途上国の日本に、キリスト教の学校を建てるという雲をつかむような話には、だれひとり賛同する者がなかった。その野蛮国の青年を十年も世話してやったハーディ氏さえ、その計画を発表してみるもよかろうがだめだろうといったのである。大会の主な人たちは会期中に議了することがむつかしいと思うほどの議案があるのに、新島に長談議をせられては困るから簡単な文章にしてこいと命じたほどに迷惑がっていたのである。ところが先生は脱走した故国へ十何年目にか帰ることであり、かつこの学校を建てることで国に報いるのだと思って、いよいよ演壇に立たれたときには感慨無量、もう文章も演説もあったものではなかった。つたない乱れた英語とおえつと涙ばかりであった。満堂の会衆はかえってこれに激動され、その資金を得なければここを去らないという言葉の終わるか終わらないうちに州知事ページが立ち上がって一千ドルの寄付をしたのを初めとして五千ドルばかりが集まったのである。意外なできごとにアメリカ伝道会社はしかたなく、牛にひかれて善光寺詣をした。アメリカ伝道会社が世界の宣教史上に大功名を遺したのは実は怪我の功名で、これが同志社が人によってでなく神によって建てられた所以の一つである。

さて新島先生を槇村知事に紹介したものは、岩倉公とともに欧米へ派遣された間に先生の人物を知った木戸孝允である。先生を山本覺馬先生に紹介した者は勝安房である。先生が東京で勝安房を訪ねて学校設立の話をされると、勝がそれなら京都に山本覺馬という偉い人がいるからそれに相談せよといって先生を紹介したのである。新島先生は大阪から入洛すると三条の「くぎぬき屋」に滞在して山本先生と交渉された。けれども山本先生が新島先生の同志社成立を助成せられた素地はすでに三四年前にできていたのである。京都府は博覧会を開いて明治五年には天皇が臨幸になる、祇園に歌舞練習場を設け博覧会の余興の都踊りを創始したので、京は大にぎわい、殊に当時みだりに内地へ旅行できなかった外国人を歓迎したので、それを機会に宣教師のギュリキ博

木戸孝允（桂小五郎）
（京都新聞社提供）

ゴルドン博士

士やゴルドン博士らが入洛して、有名な某顧問に会い、ゴルドン博士が漢文の『天道溯原』などを贈っていた。この書物が、貪るように西洋の新文物を受け入れた山本先生にすでにある感銘を与えていた。ところが、元治元年の七月には自らが木戸孝允らを相手に蛤御門でつかみ合いをしていた間に、同じその七月に、故国を脱してアメリカへ渡り、十年間もアメリカで新教育をうけ、その木戸孝允と旧知己の勝安房とに紹介せられたので入洛した新島襄が学校の話をするとともに漢文の聖書を読みきかせて道をといたのである。そこで山本先生は槇村知事を動かしたばかりでなく、己れ自ら仲間に入って明治八年に結社人新島襄、山本覺馬の名で同志社を創立したのである。山本先生は会津侯の守護職時代に京都に洋学所を設けられたことはすでに述べた通りであるが、慶応二年ごろかつて留学し帰ってから将軍徳川慶喜の外国語師範をした西周のことを聞き、勝安房の紹介で西周について西洋の教育のことをきかれたほどに教育事業に熱心であったのである。

新島先生は山本覺馬先生との会見についてアメリカの恩人ハーディ氏に次のように書き送った。「四月上旬に私は京都へ着き、京都府知事とその顧問山本氏とに面会し、学校創立の話をしました。両氏とも理学を教授する学校は同意ですが、キリスト教を伝えることは当分おぼつかないと思いましたところ山本氏はすでにキリスト教に賛成していました。ゴルドン博士が以前に贈った『天道溯原』を読み、それにつき話されました。その言葉に〈かつて私の胸中に満ちていた多くの疑は一度この書を読んで氷解しました。常に国家につくしたいと願い、中ごろ法律でその希望を達しようとしたが、遂に成すところがなかった。今この書をよみ、人心の改善はただ宗教によるべきを悟った私が久しく暗々裡に求めたものは即ちこの宗教の説くところのものにほかならないのだ〉また〈この宗教は社会一般に伝えるべきものだから願くはその学校を京都に設立せられたい〉と言いました。」山本先生が『天道溯原』からそんな強い感銘をうけていたとは新島先生には意外だったのである。山本先生は学校設立の際、外国教師を招くについてその筋との了解が困難だから新島先生の心痛を思い、妹八重子を問いにやったところが、天がこの事業を成功せしめると答えられたので、心配するには及ばない必ず成功しようといわれた。学校は明治八年十一月二十九日に創立された。同志社と名をつけたのは山本覺馬先生である。左は設立の趣意、生徒募集の刷物である。

同志社広告

一、我輩同志ノ徒我国ニ於テ文学ノ隆興センコトヲ望ミ明治八年新ニ一社ヲ設ケ英学校ヲ開キ之ヲ名ケテ同志社ト曰（ママ）ヒ米国宣教師ジエー・デー・デヴィス理学士、ドワイト・ダブリウ・レールネッド等ヲ招シ普通学科ヲ教授セシメ且内外教師数名ヲ雇ヒ其足ラザル処ヲ補ハシム

一、学校ハ上京第十区相国寺門前町ニ在リ、此ノ地広豁大気ノ流通頗ル好ク市中トハ雖モ鬧熱《どうねつ》ノ地ニ遠ザカリ閑静ニシテ読書ニ宜シ

デビス先生

且塾舎ヲ清潔ニシ飲食ヲ注意シ務メテ健康ニ益アラシムルヲ以テ学業ヲ修ムルニハ実ニ佳適ナリト謂フベシ有志ノ諸君左ノ概則ヲ一覧シテ子弟ノ来学ヲ促サンコトヲ深ク冀望《きぼう》スル所ナリ

同志社概則

（通学生の授業料一科に月二十五銭但し二科以上は入塾生と同じく、入塾生は授業料毎期に一円五十銭毎週食料五十銭、入学資格は小学校卒業生若しくはその程度の者であるが、その他数項は省略して学科を記載する）

一、当今教授スル所ノ学科ハ左ニ記ス

英学、綴学、正音、読本ウィルソン、文法ピニオー

支那学、史類（本朝史、支那史）

文章学、復文、訳文、散文

算術　デヴィス、プラクテカル

点算　デヴィス、エレメンタリ

三角法　デヴィス、エレメンタリ

地理　ミチェル

天文　スティール

物理学　ガノット

人身窮理　ドールトン

明治30年の頃、ラーネッド

三十番教室または「イングランド」と称した聖書講義の教室（現アーモスト館付近）

昭和51年現在の同志社今出川キャンパス

化学　スティール
地質学　デーナ
万国歴史　ギゾー
万国公法　ウールセー
文理学　ホイトレー
経済学　ウェーランド
性理学　ヘーブン
修身学　ホプキンス
講説　演説

一、以上ノ規律ニ従ヒ入塾ヲ求ムル者ハ上京第十区相国寺門前同志社英学校ニ来リ執事ニ面会シ入塾ヲ求ムベシ

明治十一年六月

京都上京第二十二区寺町通松蔭町十八番地
同志社々長　新島　襄

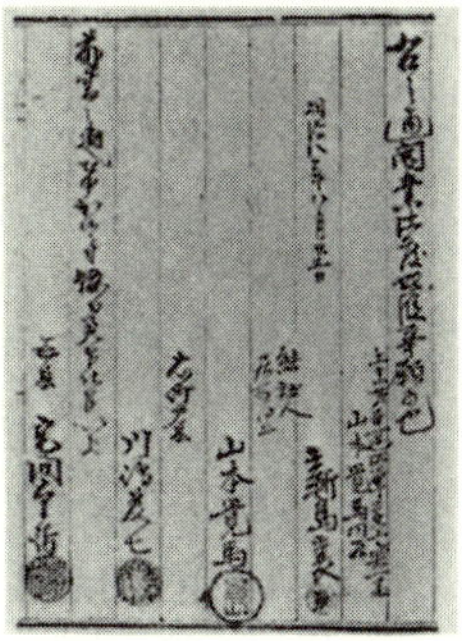

明治８年８月23日京都府に提出された英学校開業願の末尾（京都府立総合資料館所蔵）

同上京第二十一区下丸屋町四百一番地

結社人　山　本　覺　馬

デビス博士の伝記は英文でできている。このアメリカ理学士レールネッドとは同志社に教授すること五十三年、八十の齢を越えて今年故国へ帰られたラーネッド博士のことで、博士はハーバードと並び称せられるエール大学を同点で卒業した首席二人の一人であったが、あのような秀才であって日本などへゆくと怪しまれながら渡来し、同志社創立当時は英語・数学・理化学・政治・経済から体操まで担当した。そのころ盗人の白状によって裁判所から博士を呼び出しその盗まれた物を渡そうとすると、盗人にやってくれといいさっさと帰って来たので同志社には聖人がいると噂せられた有徳の学者である。同志社女学校もデビス博士が官からの入洛の許可を待っている間にアメリカへ書き送られた書簡にあるように、山本先生が京都にキリスト教の女学校開設のことを同博士に話され、それがデビス博士の考えと一致して建ったものである。

京都では演説会というのは山本覺馬先生が初代の同志社同人を率いて演壇に立たれたのが最初である。会場は寺町四条下る大雲院の寺中見性（?）寺であった。中村榮助氏司会で演説者は先生のほかに、齋藤實、後藤新平と共に奥州水澤の三秀才といわれ、その中でも一番秀でていた故山崎爲德、新島先生の腕となって同志社の教務を切廻し、朝鮮銀行総裁になった故市原盛宏、のち関西貿易会社支

新　島　襄
（明治17年3月、自署は明治22年）

配人であった故上野榮三郎その他であった。それを新聞が報道して中村榮助という人が司会ということをして演説というものが始まった。きけばイソップ物語のようなものだった云々としてあった。門をしめるほどの盛会で、僧侶が騒いだ。それまで京都で演説などしなかったのであるが、伝道の必要上同志社ではすでに演説の練習をやっていたのである。

十四年に槇村知事が去って代わりに北垣國道が来ると、北垣知事も人を介して折々府治上のことを山本先生に諮問していた。その人というのは府の庶務課長であった会津人東伍一、もと井上金吾といった人である。北垣知事の疏水の大工事に御土産金の十万円とその利殖と計六十万円を使わせたのは実は山本覺馬先生の知恵であった。この六十万円はよく考えると奇妙な性質のものになっていて所有権について議論があったほどである。京都へ下賜になった金を運用してもうける府の吏員の俸給は政府が出していたから、京都は無給金弁当持ちの手代を使って商売していたので、こんな便利な事業はどこにもあるはずがない。その金と牧畜場その他の事業会社を払い下げた金などが積って六十万円になっていたのである。

疏水事業もアメリカ伝道会社と同じく怪我の功名であった。北垣知事が計画した時の疏水の目的は単に水運くらいに過ぎなかった。伏見のインクラインも偶然できたものである。最初伏見への運河は武石浩波が飛行機から落ちた練兵場の一本松の所を通る設計だったのを、深草村の元府会議員靑山良

幕末を熱く生きた名士たち

山本覚馬伝

青山霞村 原著
住谷悦治 校閲／田村敬男 編集

A5判 並製 196頁　**定価 1,995円**

会津武士覚馬の、そして京都の近代の歩み

新島八重の兄覚馬。失明というハンディキャップを乗り越えて、政治顧問として産業・文教・福祉政策に貢献した新島襄と共に近代教育の礎を築いた人物の軌跡――。

佐久間象山伝

大平喜間多 原著

A5判 並製 220頁　**定価 1,890円**

維新改革への道を開いた思想家 象山の生き様――

ペリー来航に先んじて、西洋列強の日本進出をいち早く予見、吉田松陰・勝海舟ら幕末の偉人達を開明思想に導き、隠然たる幕府の顧問役として活躍した佐久間象山の逸話を収録。

幻の宰相 小松帯刀《たてわき》伝

瀬野冨吉 著　原口泉 監修　A5判 並製 440頁　**定価 1,995円**

坂本龍馬を陰で支えた小松帯刀の生涯とは？

坂本龍馬の活動を公私にわたって支えた盟友、小松帯刀。内政・外交に卓越した才を示し、「朝幕間で最も重要な人物」といわれた人物である。

龍馬の影を生きた男 近藤長次郎

村淑甫 著　四六判 並製 304頁　**定価 1,365円**

龍馬と同じ夢を見つつ、悲劇的最期を遂げた男の生涯。

龍馬の片腕であり、長州藩の軍備近代化を早めた近藤長次郎の本格評伝。

幕末外交事始《ことはじめ》 文久遣欧使節 竹内保徳

藤明子 著　四六判 並製 232頁　**定価 1,365円**

近代幕開けの外交は、現代外交の手本となりえるのか？

幕末の日本に、誠実を旨として列強諸国と向きあった一人の外交官がいた。

桜田門外ノ変 時代を動かした幕末の脱藩士

沢賢一 著　A5判 並製 114頁　**定価 998円**

大老井伊直弼は何故暗殺されたのか？

大老井伊直弼を襲撃した志士たちの想いを描き、150年の歳月を超えて、幕府崩壊の契機となった大事件の真相に迫る。

»ご注文の際には別途送料が必要です。ご注文総額5000円以上の場合、送料無料です！

※お近くの書店でご注文いただければ送料は不要です。

郵便はがき

料金受取人払郵便

西陣支店
承認
853

差出有効期限
平成26年4月5日まで

切手不要

602-8790

京都市上京区真倉町739-1

株式会社 宮帯出版社 行

書名	冊
書名	冊
書名	冊

フリガナ

お名前

ご住所 □□□-□□□□

お電話 （ ） —

北垣國道第３代京都府知事

輔、府会常置委員寺内計之助らが村をかんばつから救うために現在の街裏を通るように陳情し、その結果伏見インクラインの落差が生じたのである。それは小さい事だが、水電事業も工事中にスイスやアメリカで経営せられたことが知れ、それを調査に行って京都でも中途からやった仕事である。もしそのころに西洋に水電事業が起こっていなかったら、疏水の効果は洛南と洛北にかんがいの水を供給するとともに、山科の畑地を若干水田に変換できたに過ぎなかったのである。当時電力の売口がなくて弱っていたのを高木文平、大澤善助らが買って電鉄や電燈事業を起こしたのである。しかしとにかく、疏水の大事業が完成せられたのは御土産金とその莫大な利殖金があったからである。前に種々の新施設に用いた皇室の恩恵を二度目にまたこの大工事に用いたのは山本覺馬先生の知恵によったのである。

〔注　山本覺馬を新島襄に紹介したのは勝安房（海舟）とされているが、新島の所伝にはそれを確証することのできる史料はまだ渉猟されていない。〕

京都府会議長

最初の府会議員人名　開会式と閉会式　会場は中学の講堂　挿話　府知事の不法徴税　府会内務卿へ上申　槇村府知事屈服

府県会規則が発布され明治十二年三月二十五日京都府会が開設された。この最初の府会は上京区下京区各五人、宇治久世二郡が一区で五人、他は一郡五人宛計九十五人の議員から成り立っていた。それが多少変わって十四年二月には上京二十一人下京二十六人で郡部と同数となった。この第一回に選出された議員は上京から山本覺馬先生、山鹿九郎兵衛、吉田安寧、山中平兵衛、山中小兵衛、下京からは杉本新右衛門、田中善八、柴田彌兵衛、井上治郎兵衛、安村吉兵衛であった。郡部議員でのちに、代議士になった人々は、愛宕郡の松野新九郎、綴喜郡の田宮勇、西川義延、伊東熊夫、南桑田郡の垂水新太郎である。垂水新太郎は山本先生の門人であるが、他の門人達で、京都の文化にいろいろ重要な役目を勤めた門人たちは田中源太郎が十三年三月に補欠当選、中村榮助が十四年三月に、同じく雨森菊太郎、大澤善助が十七年の半数改選で当選した。さて第一回府会は三月三十日中学校の講堂で開かれた。そののち数年間この中学校の講堂が議場に当てられていた。その日知事槇村正直大少書記官以下属僚を従えて臨み、左の告辞を述べた。

政を議する者、政を施す者、其意志の嚮《むか》ふ所、唯民を安ずるの一点に止るのみ。然り而して時に相背馳する憂なき能はざる者あるは何哉、是れ他なし、机上の想像実施の履行、或は眼前の便否を見、或は遠大の利害を図るとの異るにあり。今府会の議する所、案に制限あり。遍く大小の庶政を論ずるを得ずと雖も諸議員心を実施に潜め、慮を遠大に回らし、懇に其の議を尽くせよ。

それから府会は議長及び副議長を選挙し、先生は推されて議長に着任した。副議長は松野新九郎が挙げられた。

第一回府会は開会日数三十七日で、正副議長選挙と、経常費として警察費支出の件、その他徴税の件を議決し、五月五日閉会式を行った。知事以下臨場、左のような演説で議員の労をねぎらった。

開会以来各員が精神を言論に現はし、討論したる所の成果は首尾完全にして喜悦に堪えず。就いては府庁に於ても精々民費を減ずるよう尽力すべし。ここに諸員が数十日間精励の労を謝す。

議場に当てられていた中学の講堂は、太い円柱が立っていて、ちょっと寺の堂のようであったが、外からのぞけたので、当時学校の生徒がよく議事をのぞきにいった。山本先生は盲目で足も不自由であったから、履物に後掛けをし、書生にたすけられて進退せられ、議長席には大きな座布団が敷いてあって、先生は大きな体でどっかりその上に座っていられた。先生の両眼の役を勤めた者は顧問以来先生に引立てられた丹羽圭介氏で、氏はそのとき府会の書記に任命されたのである。

明治十三年度通常府会は同年五月七日同じ場所で開かれ、知事以下各属僚も出席、会期は八十五日で七月三十日閉会したが、この会期中府会は地方税追徴布達について審議した結果、ついに府知事との正面衝突となり、十月六日開会の臨時府会まで持ち越すこととなった。臨時府会は十月十六日開会、ついに問題の十三年二百十一号の布達は取り消しとなり、さらに改めて地租割、戸数割追徴議案発布の件を討議可決し、半年にわたる葛藤も事実上知事の屈服によって解決した。先生はそれを機会に議員および議長の公職を辞退された。何しろ議会とはどんなものか知らない人たちの寄りあった初めての府会であったから、何かで議長が一議員に退場を命じると他の議員があの議員は失格したのかと議長に質問し、次の時間にその退場せしめた議員を、再び席につかすと、皆が呆然としていたという話がのこっているほどの府会で、その議場を先生が整理し、議事を進行させ、全員を指導されたのである。そして府知事の違法に対しては民権拡張のため府会を率いて敢然と抗議されたのである。

府会と府知事との衝突については『京都府会史』に次のように記載されている。

地方税追徴布達に関する事件概要

明治十二年度第一回府会に於ては、地方税一切の事、創始に属し、殊に其賦課徴収の方法、賦税の課目、程度に至りては其準拠する所最も乏しく、甚しく困難なるのみならず、既に当事の議事に録せし如く、其議案も亦甚だ不完全にして、到底正確の見込を立つるに由なく、已むを得ず、原案に付稍修正し、可成的苛重偏頗なからんことを期し、之を議決せしが、府知事に於て之を実施せられしに及び、已に十二年第二百五十号第三百三十三号を以て、地方税の地と戸とを課するものを徴収するの布達を発行し、又十三年五月に至り、更に第二百十一号を以て追徴布達せられたり。当時第二回通常議会開設中なるを以て、第二百十一号布達に対し、其理由を審査せしも、何の法律により発行なりしや了知すべからざるを以て、伺書を知事に呈し、此より一場の紛議を生じ、遂に内務、大蔵両卿に上申書を呈し、其の事実を具し再度まで議案を府知事に返還するに至れり云々。

明治十二年第一回府会の議案中、地方税を地と戸とに賦課する議案は当時多少の修正の上可決されたものであるが、これが実施されるにあたって、府は第二百五十号及び第三百三十三号を発布したにもかかわらず、さらに十三年五月に第二百十一号を発行して追徴布達をしたので、府会は権限を蹂りんされたことを憤り、府知事の越権を糾弾するため、槇村知事に質問したが要領を得ず、ついに中央政府に弾劾的上申をするに至った。第二百五十号及び第三百三十三号とは次の布達である。

第二百五十号

地方税の内、地と戸に課するもの明治十二年の額左の通り

一、地租五分五厘八毛五二（即ち地価百円に付二十九銭二厘六毛）

一、戸数割一戸に付二十九銭二厘六毛

右之通に有之、就ては該年度に於ては郡区役所敷地買上代、庁舎建築費及備付諸器具買上代等前半年度内のみに要する分有之候に付右課額の内、十分の五分五厘一毛を前半年度内に徴し、四分四厘九毛を後半年度に徴すべき事

右之通管内無洩相達する者也

明治十二年六月三十日

京都府知事　槇　村　正　直

第三百三十三号

本年六月第二百五十号布達地方税、地と戸とに課するの額左の通正誤す。

一、地租五分〇五厘九毛〇四（即ち地租金二円五十銭に付二十九銭五厘二毛）

但し改租未済の土地は、昨年第十九号（当時二百四号）布告の制限に照準し、追て改租済の上決算差引すべき儀と可相心得事

一、戸数割一戸に付金二十九銭五厘二毛

右之通管内無洩相達する者也

明治十二年八月二十七日

京都府知事　槇　村　正　直

けれども府知事は物価騰貴を理由に翌十三年五月さらに布達二百十一号で、地租と戸数割についてそれぞれ各十二銭一厘七毛の追徴を布達し、折柄開会中の第一回府会に事後承諾の協賛を求めた。

府会は審議の結果、これを不当として、議長から左のような伺書を提出した。

当府第二百十一号布達を以て十二年度地方税予算徴収額に不足を生じ候趣にて更に予算取消の上、

追徴相成趣御達相成、右者何等の法律に依り御追徴相成候儀に候哉至急御指令相成度此段相伺候也

明治十三年五月二十七日

京都府会議長　山　本　覺　馬

京都府知事　槇村正直殿

六月四日府知事は議長を呼び、前記の伺書中、何等の法律云々の文字は不穏当だから他の文字に改め、さらに伺出るよう示唆した。そこで先生は府会本会議にはかったが、府会はその必要を認めないと議決したので、そのことを付言して再び知事のもとへ提出した。六月十日知事は左の指令をもって府会に回答した。

十二年度府会議決を以て施行候儀と可心得事

明治十三年六月十日　　府　知　事

そこで府会は知事の高圧的回答を非難し、内務卿に実状を具申し、その指揮を求めることを決議して、左の伺書を提出した。

地方税徴収の儀に付伺

客年明治十二年度地方税支出徴収両議案

本会の議決を以て府知事に上呈し、認可の上施行なりたる内、地租割戸数割の両税、同年六月三十日、同八月二十七日両度に別紙甲乙印の通布達徴収せられ、尚又本年五月二十二日別紙丙印を以て追徴の義布達せられたり、此に於て本会大に疑団を生じ、乃ち客月二十七日を以て別紙丁印の通府知事に伺出候処朱書の通指令有之候得共、本会に於ては追徴の決議致候義無之を以て、益疑惑を生じ候に付、不得止更に御省に伺出候義に有之候。抑《そもそも》地方税収支の予算を議定するは、固より府会の権内にして、府知事の専断するを得ざるは則府県会規則に明瞭なれば、復喋々の弁を要せず。然るに客年下付なりたる営業雑種税徴収法議案は、各業の等級金額を議するに止まり、其徴収方法及予算の金額等は議し得べからざるものなりしに付本会より更に府知事に請求せし処、参考の為めとして両税徴収金額予算の計算書及び出納計算書等を交付せられ候に付、乃ち該書を以て準拠とし、其等級金額を議定し、併せて地租戸数割の権衡を議定致候義に有之、右の事由なるが故に、府知事に於て、地、戸の両税を府会決議の権衡に據り、其予算課額を定め、之を徴収するは寔《まこと》に止むを得ざるものに候得共、既に一度ひ予算を立てて、之を徴集し、又更に予算を立てて追徴するに至ては何の拠る所あって然るか、其理由了解難致存し候。且又明治十一年十一月二十八日御省乙第七十九号御達第二項は地方税一年度間の出納実費に付残額不足ありたる時は、翌年度に繰越し、又は翌年度分を以て補欠すべき旨を明示せられたり、然れば則ち地方税の残額不足は、同年度内に於て府知事の自ら処分すべき義には決して有之間敷若し予算の目当大に齟齬し、巨万の不足を生じ、財政困難翌年度分より補欠することを待つべからずして、之を追徴するときは、必ず之を府会に付し、其決議を経、然る後施行せらるべき義と存じ候、因て前陳府知事の更に予算を立てられしと、不足の金額を追徴せられしとの両項丙印伺書に対したる指令にて、益々疑惑罷在、此の如きは将来大に彼此の職掌権限に関係候義付、如何相心得可然候哉、何卒至急電報を以て御指示被成下度、此段全会の意見を以て奉伺候也

明治十三年六月十四日

京都府会議長　山本　覺馬

内務卿　松方　正義殿

右伺書を提出し後、時日を経過したにもかかわらず、何の指令もないのでさらに議長山本覺馬の名で電報で指令を促したところ、ようやく六月三十日になって、左のような電報の回答があった。

地方税追徴の儀には、差出したる伺書は建議と認め、其侭留置き指令に及ばず。

府会はこの回答を受け、種々の討議したが、伺書は建議の意味で差し出したものではないから、さらに電報であくまで指令を請求し、もし指令がなく、依然建議と認められるならばその理由を示されることを要求することに決定し、さらに左の照会を内務省宛に発送した。

京都府会議長　山本　覺馬

内務省

さきに地方税追徴の義に付差出したる伺書は建議と見認め指令に及ばれざる旨御報あり。然るに右の事たる、非常に起りたる者にして、法律上明文なく、将来大に彼此の権限に関係あるに付、伺ひたるわけにて、素より建議の旨意にあらざるゆえ、更にさきの伺ひ書に対したる御指令を仰ぐ、若し御指令なり難き事ならば、建議と見認められたる理由を示されんことをねがふ。

しかし内務省はやはり何とも指令しなかった。そして府会は閉会した。それから数日して十月十六日、府知事はまた臨時府会を召集し、府知事代理が出席し、まず口頭で左記下渡書と同様の理由を述べ、改めて内務省へ伺書を却下することを告げ、その却下の達しと伺書とを府会に交付した。すなわち、

本年当府第二百十一号達の義につき、別紙内務省への伺は同省に於て建議と見做し留置相成候得共、尚指令を請求するに付ては、右伺出の如き指令を要するものは都て府知事へ申出、其指揮を受くべき筋に付、其旨を以て伺書は当府より却下可致段達有之候、因て別紙下渡候条其旨可相心得事

明治十三年十月十六日

京都府知事　槇村正直代理

京都府大書記官　國　重　正　文

そうして國重知事代理は伺書を却下するとともにつけ加えていった。本書却下の上は府会はさらに

改めて府庁へ伺い出るはずだが、府庁はすでにその伺書について府会の考えをよく知っているから、再びその伺書を待たず、臨時府会を開いた。そして府庁は次のように三百八十六号布達で前布達を取り消し、改めて追徴の議案を府会に提出する次第であると。

第三百八十六号達

詮議の次第有之、本年当府第二百十一号布達は一旦取消候事

右之通管内無洩相達者也

京都府知事　槇村正直代理

京都府大書記官　国　重　正　文

ここで府会はついに主張を貫き、さすがの槇村府知事を屈服させたので、改めて府の追徴案を審議し、協賛を与えた。

右のように先生は官尊民卑の時代に府会を率いて半年の間ごう慢な知事と抗争を続け、地方自治のために虹のような気を吐かれたのである。かつてその人のために画策し、その人の拘禁をとくため、三百里の途を駆けられたその槇村知事に痛撃を加え、反省させると、すぐ府会を去られたのである。先生はのちしばらく商業会議所会頭をして府の商工業に貢献せられた。

先生の経済思想

金本位と中央銀行論　松方大蔵卿驚く　松方の紙幣消却と先生　ビスマークの経済論を称賛　西郷の敗北を予言　貨幣の単位は五十銭以下　貨幣は鼠　日本は将来問屋がよい

先生ははやくから金貨本位を唱えていられた。その説に「支那・印度は銀貨本位だが、銀はその価値変動がはげしく、外国貿易に障害を来すことが多い。日本もある時期になれば必ず金本位にならねばいけない。」と。当時太政官紙幣が発行せられていても兌換券ではなかったのである。先生は兌換券を発行しなければ、国会を開き立憲政治を行っても、事実上何の益もないと論ぜられた。これは明治十年ごろの先生の説である。これよりさき明治五年八月五日国立銀行条例が発布せられ、土地の広狭、人口の多寡によって全国に相次いで百五十二か所の国立銀行が設けられ、士族の公債（家禄奉還の）を担保として紙幣が発行せられた。これはアメリカを模範としたのであるが、利子の高低相違があって、産業の発達普及を阻害する傾向があり、ついに松方卿の英断で明治十五年六月二十七日、日本銀行条令が発布せられ、十九年一月から兌換券が発行された。

当時濱岡光哲氏が「たいへん結構です」と賛辞をのべると、卿は「青書生に何がわかるものか」といわんばかりの様子であったから、氏が「中央銀行設立は已に明治十年山本覺馬氏が唱えられた説で、氏は中央銀行がなかったら、一朝有事の際、国家の財政が乱れ、予算編成のような国家重要の機能をつくすことができず、その結果、国家国民の敗亡を招くに至る。」と説かれたことを記憶しているとのべた。

松方卿は聞いて驚き、「そんな先覚者があったか、どうか会って新説をただし、意見を交換したい」といって、遂に濱岡氏の仲介で先生と会見した。当時権威ある大蔵卿が民間無名の士と会見するなどは稀有のことで、世間の注目をあびたが、有為有能の士をすすんでとりあげた卿の長所で、当時美談として四方に喧伝された。

松方卿と先生との会見は先生から訪ねていった。先生はその知己に感激し、涙を流して喜び、談論数時間、身分地位を忘れて、国家の政治財政について議論し、胸襟を開いて懇談された。この会見はのちに松方卿がその演説中に語っている。そのころ西南戦争のあとで紙幣が激増し、そのため物価が暴騰して、政府発行の紙幣はあたかも欧州大戦後のロシアやドイツの紙幣と同じ運命に陥ろうとしていた財政上の大危機で、松方卿が大決心をして財政整理と紙幣消却の難事業に当たったのである。左は卿の感慨深い回顧演説の一部である。

「……紙幣ヲ減ズルト直ニ物価ガ下落スル。下落スルトソノ為ニ損ヲスル人ガ沢山出来ルカラドウイフ議論ガ起ルカモシレナイ。ソレデ内閣デハ私ノ意見ヲ承認シタノデアルケレドモマダソレダケデハ信用ガ出来ナイ。中途ニテドウ動クカモ知レナイカラシテ恐レ乍ラ陛下ノ御決心ヲ確メテ置カナケレバナラナイ。陛下ノ御心ヲ承ッテ決シテ半途ニテ動ク事ノナイ様ニシテオカナケレバ之ヲヤリ抜ク事ハ難イト考ヘマシタ。ソコデ当時ノ太政大臣三條公、左右大臣ハ左大臣ガ有栖川宮殿下、右大臣ガ岩倉公デアリマシタガ私ハ此等ノ人々ト一緒ニ　陛下ノ御前ニ罷出テ申マシタ。サテ私モ今般大蔵ノ大任ヲ拝受致マシタガ目下財政ノ困難ハ紙幣下落デ御座イマシテ之ヲ挽回セネバ何トモ致方ガゴザイマセン、然ルニ之ヲ実行致スニ就キマシテハ大ニ人心ニ関係シマスカラ一時容易ナラヌ形勢ヲ惹起スルニ相違ゴザイマセヌ、ソレデ若シモ半途ニシテ世論ガ喧シイナラ廃《や》メヤウトイフ様ナ思召ガゴザイマシテハ迚《とて》モコノ事ヲ果ス事ハムツカシイト考ヘマス………サレバトテ此侭ニステオカバ不祥ナ事ヲ申ス様デゴザイマスガ遂ニ破産スル、国亡ビルトイフ事ニ相成ルト私ハ信ジマスル。如何デゴザイマセウ、何方ニ遊バサレマスト申上ゲタ処松方ノ意見ヲ裁可スルカラ是非ソレヲヤリ遂ゲヨトイフ難有イ御沙汰デゴザイマシタ。コレガ太政大臣左右大臣列席ノ上デゴザイマシタカラ、私ハ皆サン（閣員）御承知デゴザルカトイウテ念ヲ推シタ処、何レモ宜シイトイフ事デゴザイマシタ………私ガ京都ニ着クト直ニ山本覺馬トイフ人ガ尋ネテ参リマシタコレハ盲目デアルケレドモ蘭学者デ………私ノ見込ヲ話シタ処ガ山本ノイフニハ左様スレバコノ整理ガ付キマショウ、ソレハ行ケルデアリマショウガ併シナガラ左様スルト貴君ノ首ガドウナルカ分ラヌガソレデモヤル積リカトイヒマスカラ、宜シイ固ヨリ覚悟ノ前ジャトイウタラ………」（日本金融史から）

〔注　徳富蘇峰編『公爵松方正義伝』乾巻にもこの件に関する言及が見られる。〕

再会を約束して別れる時、先生は固く卿の手を握り「どうかどんな盤根錯節にあうも腰をきめて所信を貫徹断行せられたい」と熱誠を示されたのに対して、卿は、「紙幣が正義の首をきるか、この正義が紙幣の首をきるかだ」と答えた。そして先生の眼と脚とを危ぶみ、自ら先生の手をとって車にたすけ乗せた。この会見で両財政家は肝胆相照したに違いない。先生の金本位論もそれからほとんど十五年を経て日清戦争後になって中国からえた三億円の金貨で松方卿によって実現せられた。

先生はまたドイツ帝国を建てたビスマークの経論を称賛し、特に一八七〇年から翌七一年の普仏戦争後、ビ公が宰相であって農商務大臣を兼任し、産業振興に自ら腕を揮ったのは彼の卓見で、国として社会経済よりも国家経済を重んじたビスマークの努力はドイツ今日の隆盛をもたらした理由だと論断された。先生は頭脳明晰、極めて数理的で、小さいことでもなおざりにせず、その原因結果を追求せられた。明治十年西南の役の時、先生が数理上薩軍の敗北を予言されたことは先生の明敏さを語る一つの例である。西南の役に、明治天皇は京都に御駐輦になり、三條岩倉公らの諸公がおともとして従い、中央政府がここに移り、政府は非常にその勝敗に気をもんでいた。当時土佐には板垣退助がおり、全国不平の徒が薩軍に応じて立つおそれがあった、人心が動揺している時であったからである。木戸孝允は先生と親交があったから、ある日先生を訪ねて勝敗の帰結をただした。先生はまず「是で維新の統一もでき、たいへん結構です」と答えられた。重ねて戦争の結果を問われて「戦争はおそくとも本年十一月まで続かない。そのわけは、九州地方は昨年の産米は何万石、そのうち本年二月までに大阪の倉屋敷へ送米せられた分何千石、残米何程、九州の総人口何程、薩軍の総数およそ何程、兵を動す糧食を考えねばならぬ。薩軍如何に決死の健児でも、食わずして戦えない。」これは本年中に戦争の終局を見越した理由だと、いちいち数字を挙げてこれを証明し、かつ四国人の特質をのべて板垣の人物を品評し、決して西郷に加担しないと断ぜられた。果たして先生の予言は的中して南洲は城山の露と消え、この話を伝え聞いた識者も先生の数理に舌をまき、その明断に感服した。

先生はさらに木戸に「戦争は憂うるに足らないが大人物の西郷を失うのが惜しい。西郷は先見の明があり、戦争の帰結を待たずに責任を負って自殺するであろう。これ国家の一大損失である。自分は目も足も不自由だが、政府が軍艦便乗を許してくれるなら、単身、彼の城塞に赴き、真理を説いて恭順を誓わせる。決して自分に危害を加える者でない」といって、薩州行きを請われたが、木戸も引きとめ政府も許さなかったので、遺憾だったと後年先生は人に話された。

京人形についての訴えをきかれた時も、今日本の人口大略三千五百万人だから、それが皆買うとしても一代に一度であり、みんなが人形をもつものでもないから、一日の売行数はいうほどでないと、輸出をすすめられた。また貨幣の単位一円は不経済である。二十銭かたかだか五十銭でよい。一円を百枚使ったというよりも五十銭を二百枚使ったという方が聞こえが大きいから消費者が自ら警戒するといわれた。当局者もその理論を納得したが事後であったから実行に及ばなかった。

先生はまた通貨は徳川の通貨がよい。通貨はなるべく使いにくいのがよい。四角のは使いにくいから富を残す。円貨は飛び出しやすい。徳川が角にしたのはよかった。金は鼠を箱に入れてあるようなもので、昼夜網をかじって出たがっているといわれた。先生は常に言っていた。「日本は将来問屋になるがよい。アメリカは天産物も豊富で、製造業も盛んだから、やがて印度、中国の方面に発展してくるに相違ない。上海、満州にも侵入してくるだろう。日本は問屋として原料に加工し、これらの方面に販路を開くことは容易だろう。」と。現在わが国がアメリカや印度から綿花を輸入し、それを加工して綿糸・綿布とし、中国を始め東洋諸国に輸出しているのは先生の一部が実現されたものである。

家庭と講帷　晩年

宅は新門辰五郎の家、月給四十五円　正妻、貞節な侍女、次女が徳富蘆花の『黒い眼と茶色の目』の娘
母さく子、夫と三男とに死別　妹の新島八重子夫人のモダンぶり　学生の反感　反八重子党の徳富猪一
郎ら　聴講者松田道之、藤村紫朗、濱岡光哲、田中源太郎、中村榮助、大澤善助、雨森菊太郎、垂水
新太郎らのこと　晩年

新門辰五郎像

山本覺馬先生は座敷牢から赦されるとしばらく二条の橋の西詰めに住んでいたが、間もなく河原町御池下るすなわち今の京都ホテルの西南向かいの家へ移転した。これは江戸を欠所になってから京都へ来ていた新門辰五郎の家で、維新の時また取り上げられたものである。その北隣の家（すなわち今の大黒屋書店）に槇村正直がいて裏からも互いに往来できた。槇村はのちホテルの南の筋半町ほど東の高瀬川の畔に家を建てたがそれでもわずかな距離であったから、槇村と先生との往来はたいへん便利であった。先生の家は百坪ほどの敷地、台所ともに五室の家で、それを三十六円で買取られたのである。顧問としての月給は四十五円であった。知人や先生の名を聞いてくる人やらで訪問客が多く、なかなか雑用に費されたが、当時は物価が安かったのと、先生の生活が質素であったから、それで十分であった。先生は経済に長じていたから、家や地所なども持って

田中源太郎
（京都新聞社提供）

いた。同志社の敷地は薩摩屋敷の敷地が売物に出ていることを、濱岡光哲氏が先生に告げ、先生がそれを買っておいたものである。新京極の二輪加の席を七十円で買い、西の岡の片木原の山林をも買って持っていられた。また三本木で水車小屋を持ち川付きの借家を三軒持っていた。

先生が会津におった時、正妻との間に長女みね子が生まれた。しかし京都に住居を移してから、つづいて維新の大変革にあったとき、正妻は遠く隔てた京都へ移住することを好まないといって、離婚を求めたので、離別した。その長女は会津戦争のあと、母堂が京都へ移り住んだ時、妹の八重子とともに来た。養子婿を迎えるつもりで、その候補者もすでに来ていたが、出版のことについて面白くない行為があったから破約した。のちその女は横井時雄氏に嫁した。すなわち横井氏の先妻である。横井氏と婚約の時了解があった通りに、横井氏の長子山本平馬氏が先生の後を嗣いでいる。

先生に時恵という一人の侍女があった。薩摩屋敷へ幽囚の身となった時も、随《っ》いて来て不自由な先生の世話がしたいと頼み、折々尋ねて来ては衣類の洗濯などしていたが、釈放後も先生につかえ、後正妻となった。かつて先生を危難からかくまい、木戸孝允の妻松女と並び称せられた女で、常に先生の坐臥進退をたすけた。府会へ出席の時も彼女が付添っていたのである。正妻になってのち、ある理由で離縁になった。この時恵との間に次女久枝が生まれた。この次女が徳富蘆花の『黒い眼と茶色

中村榮助

の目』の娘である。久枝嬢にも婿にすべき少年があった。同志社へ通っていたこの美少年からして久枝自身の関知しない悲劇が先生の家庭に起った。娘二人とも養子婿をとる縁がなかったのである。

母さく子は文化七年生、十七歳のとき同藩の士長岡繁之助を婿に迎え三男三女を産み、次男と次女は早く死んだ。三男は伏見の戦争で傷き、江戸の芝新銭座で死に、夫權八は会津落城の時、城から一里半の所で十勇士とともに六十一歳で討死した。籠城中長男覺馬が京の四条河原で処刑せられたとの風聞が伝わったが、それを信じないといった。ちょうど越後口から会津西三里ばかりの所まで進入した薩軍がある村落に宿って、山本覺馬が薩州屋敷に禁錮せられていることを語った。これを聞いた農家が山本家出入の家であったので、さく子は幸いに長男の無事生存していることを知った。子に死別れ、夫に死別れ、家国滅亡するという大悲惨事にあい、戦いが終わるとともに娘と孫とを引き連れて入洛し、長くあわなかった長男一家と相会うことができた。明治九年洗礼をうけ、十一年から十六年まで、老齢の身でありながらお舎監として同志社女学校のために尽くした。長男覺馬に後れて二十九年八十七歳で永眠した。先生は晩年になっても「お母さん早くおまんまを食べさしてくれ」などといっていたが不幸にもさかさまごとになったのである。

妹八重子は故郷会津で白虎隊の少年に操銃を教え、会津籠城の苦しみをなめた人である。先生は京都にいて会津征伐のうわさを聞いていたばかりであったから、八重子が入洛した時、毎晩目を覚ますと「おい八重それからどうだった、話してくれ」と籠城の話を聞いていた。行くこともできず故国の破滅を非常に悲しんでいたのである。

新島先生に嫁するまで八重子は女紅場すなわち今の府立第一高等女学校の舎監となり、同時に生徒達に蚕桑のことなどを教えていたが、急進主義の兄覺馬先生の感化から英語を学び、頭髪を洋風にして履物は西洋靴にした当時代表的の新しい女であった。新島先生は武士道とキリスト教とを、その人格に融合統一した日本人であったが、衣食住すべて西洋式であった。そうして蒔絵のした大きな人力車に同車して買物に出かけることもあった。先生が木の棒で散々その手を打って学校から帰り、しばらくしてから夫婦同伴で三条あたりにある肉屋へ牛肉を買いに行かれたとき、その家で何かで先生の手に触れて先生は「あ痛た」といわれた。八重子がみると手が紫色になっていたから驚いて尋ねると、車夫がいるから帰ってから話すといわれた。そこで八重子はそれなら英語で話してくださいといって、あの有名な事件を知った。同志社の生徒にはこんな早速の英語の応用とか、同車とかいう八重子夫人のモダン（近代）ぶりを忌々しがった者が少なくなかった。大久保眞次郎、徳富猪一郎、湯淺吉郎の謀叛組は同時にまた反八重子党で、そのころ十七八歳であった徳富は演説会を指導に来ている先生夫妻を前において、「頭と足は西洋、胴は日本の鵺《ぬえ》女がある」と風刺の演説をしたほどであった。けれども八重子は女紅場舎監時代にすでに生徒に福音書を渡しなどしていたほどで、のちの関西学院名誉院長吉岡先生の親類の娘も福音書をもらった一人であった。

府顧問の妹の八重子と新島先生の結婚を政略結婚だという人が今でもある。しかしヤソと聞いて家を貸さなかったあのころに先生とともにキリスト教的家庭の作れる女が一人でも京都にいただろうか。往年同志社の男学生が女学校の壁へワイフ（妻）養成所と落書きをしたので、姫御前たちは柳眉を逆立てて、怒ったという話があるが、同志社女学校創立の原因の一つは「キリスト教社会の牧師たちや重だった人たちのキリスト教家庭の必要を感じた」からで、それは創立者デビス博士の伝記に書いてある。そしてそのとき怒った女性の多くがそのパストルスやリーダースのワイフになっていることは卒業生名簿で分る。新島先生があのときキリスト教家庭を作りうる配偶者は八重子のほかになかったのである。政略結婚論者はその点を考慮せねばならない。

山本先生は顧問として府の政治を指導されるとともに、家では講座を開いて政治や経済に関する講義をされた。これにならった知名の士を挙げると、官員では槇村正直、松田道之、藤村紫朗らである。槇村は山本先生を常に「先生、先生」といっていた。あるとき人が槇村は何が解るものか、でたらめをやっているのだといううと、他の人はいや槇村はそうでも槇村には山本という顧問がついているといった話がある。松田も藤村も当時は槇村の下の官員で、のち松田は滋賀県知事、東京府知事を歴任し、藤村も大阪府知事に栄転した。なかでも松田は最も先生と親交があった。民間では左の人びとである。その人たちの閲歴・関係・事業などを一覧すると、先生の思想がその門人らによって如何に京都に実現され、遂行されたか明らかになる。

濱岡光哲　府会議員　衆議院議員　商工会議所会頭　関西貿易会社長　商工銀行　京都鉄道会社　関西鉄道会社　京都倉庫会社　同電燈会社同電気鉄道会社各重役

大　澤　善　助
（京都新聞社提供）

田中源太郎　府会議長　貴衆両議院議員　商工銀行頭取　京都鉄道社長　その他濱岡氏関係会社重役
中村榮助　府会議長　衆議院議員　府市会参事会員　商工会議所副会頭　同志社々員理事　仮総長　その他濱岡氏らの同会社の重役　伏見紡績会社長　日本石鹸会社長
大澤善助　府市会議員　京都電鉄会社長　京都電燈会社長
雨森菊太郎　衆議院議員　府市会議員　京都日出新聞社長
垂水新太郎　衆議院議員　府会議員　町長

垂水氏を除く他の五名は先生隠退後、諸方面の中心となり、京都の新文化を指導し、建設した人たちである。濱岡氏は明治十五年以来数年を除いて昭和三年まで商工会議所会頭で、田中、中村氏らも重役であった関西貿易会社は今はなくなっているが、京都に本店を、神戸、ニューヨーク、ロンドンに支店をおき、陶器・織物・ブラシなどを輸入し、毛布その他の雑貨を輸入して盛んに貿易業を営んだ。これは汽船ベルリン号を買入れて果たさなかった貿易事業の遂行ではないだろうか。濱岡氏らの実地踏査で敷設せられた関西鉄道は伊勢湾と大阪湾とを連絡した鉄道である。田中氏の社長であった京都鉄道は京都と舞鶴とをつなごうとした鉄道である。これは往年敦賀湾と大阪湾とを連絡する鉄道を計画して政府から待ったを入れられたが、その鉄道の場所が変わって実現せられたものだったのである。

田中源太郎氏が頭取であった京都商工銀行は往年の為替商社の事業の延長である。

中村氏の改宗談は明治十年前の京都の文化や日本の国際的地位をあらわしているといえる。そのころ京都の雑貨店に奇妙な油で火をつけて売っていた。中村氏の家は種油の仲買であったから三人組合を作り、アメリカ人の商館と契約してその石油の一手販売を試みた。ところがアメリカ人が契約に背き、他へも石油を売ったため二万円の損失を受けたから、その損害賠償を神戸の領事館へ訴えた。都合の悪いことは法廷でうそばかりいったが、アメリカ側は最初法廷にある大きな書物に対して顔を赤くして何か言い、そして不思議なことには少しもうそをいわなかった。判決は契約違反は原告の申立通り事実であるが、うそばかりついたから原告の申立はたたないと中村氏らの敗訴になった。他の人はこれなら勝てるから、上海の上等裁判所へ上訴しようといったけれども、中村氏は考えてやめにし、その大きな書物のことを人にきくと「聖書」で、アメリカ人は聖書に向かって宣誓したのであった。京都へ帰ってその話をすると、横町の人がその書物なら新島という人が教えているといったので、新島先生を訪問し、ついに改宗したのである。イギリスの領事は孤児院出身のキリスト教徒で人格者であったのに、原告出訴の根幹である契約違反を認めながら、枝葉のために、このような判決を下すことになったことは当時の日本の国際的地位が思いやられるのである。

大澤善助氏は山本先生とは先代から親しかったが、ほんとうの門人ではなく傍聴生である。しかし常に激励されたものである。氏は山本先生の家へ商いに来ては「善助しっかりしろ、善助は近ごろ怠けるとおやじが苦情いっていたぞ」といった調子でよく叱られていた。先生が講義をしていると青年善助は次の室の台所へ草鞋ばきのまま、はらばいになって、それを傾聴していた。盲目の先生は善助が台所でそのような怠け方をしていたのを知らなかったのである。

雨森菊太郎氏は儒家巖垣氏の子で雨森家で養われていたものである。氏を『日出新聞』と姉妹新聞の『中外日報』へと招いたのは濱岡光哲氏である。『日出新聞』が京都の文学・絵画・工芸らの中心機関となり、これを指導してきたことは周知の事実で、ここにくわしく説く必要がない。

垂水新太郎氏は最初の府会議員に選ばれ、多年亀岡町長として地方自治に尽力し、数年前も代議士候補を固辞したが、選挙人が勝手に選挙してしまったような名望家である。

先生は京都の新文化が具体化すると、後進に途を開くため、府会議長の要職を退き、ついで商工会議所会頭の椅子を去り、河原町の草堂に閑臥して余生を送られた。けれども先生の名を聞き徳を慕って教えを請いにくる者が数多くあった。先生もまたひまであったので、客を好み、来客があれば必ず面接し、あるいは時事を談じあい、あるいはねんごろに誘導したから、有志篤学の士が争って門をたたき、中にはただ一場の談話に満足せず、講義をきく者もあったということである。

垂水新太郎

先生は壮年のころから物事に屈托することなく、老年になっても同じであった。ただ失明のためか、時に少しは気のふさぐことがあったが、その場合は少量のブドウ酒を用いられた。

先生は温顔で親しみがもて、下顎は豊かで、盲目でも眼は大きくて、鼻も易でいう懸胆の相で長大、額は上底といって広く、広量を物語り、耳たぶは豊かにたれて、一見非凡の相であった。

先生の家は会津の家老の子息、その他数名の書生を世話して一時は十名以上の多人数のこともあった。今日大船主として有名な山下亀三郎氏も十四五歳のとき先生の家にいた。アメリカ人の医師テーラー博士は茶はよいが、たばこは毒だからやめよといったので、キセルを折り、壮年のころは酒豪であったが改宗とともにさかずきを捨ててしまった。

先生は後進の子弟がくると維新の変革を物語り、処世の道を説き、かつ日々の新聞を音読させて、株式米相場に至るまで暗記し、時事を批評論断された。新島先生に頼んで毎日曜には同志社の神学生を招き、聖書を一章ずつ読まれてそれを聞き、終わると種々の雑談などされた。つねに新聞を人に読ませてきかれたが、少年などが誤読すると、それはこうだろうと訂正された。また死なれる前、妹と娘とを大原野村の持山を見にやられると、はげ山が十年でりっぱになっていたので、何かになると思い、買っておいたのがそのようになった。全く神の恵みだといわれた。

こうした静かな晩年を送り明治二十五年十二月二十八日六十五歳で永眠し、多くの人びとの悲しみのうちに遺骸は若王子山に葬られた。その後朝廷は先生の生前の功労を嘉して従五位を贈られた。

山本覺馬先生の逸事

一喝刺客をしりぞける　収賄を警《いまし》める　捕縛に値する急進　槇村も牛乳を飲む　象山先生を追慕　刀剣の鑑定に妙　その他

山本覺馬先生墓

明治十五年のころ、守旧党の一人が先生の急進的欧化主義は千年の旧都を汚すものだとし、ひそかに先生を刺殺するつもりで面会を求めた。先生は早くもその意図を見やぶり、顔を合わすなりハッタとにらみ、貴様はおれを殺しに来たんだな。おれは貴様らの手で死ぬ者ではない。卑怯もの、尋常に勝負せよといって、夫人に大小を持って来させられた。刺客は先生のけんまくに胆を奪われ、その盲目ということを知らず、あわてて逃げ帰ったが、岡山で捕縛された。

ある客が当時の中国の状態について尋ねた時、先生は「中国は蛸のようなものだ。足が多くて、時には自分の足を食うことがある。しかしいつも足を食べているわけでないから注意せねばならない。」と答えられた。客はその比喩の警抜なのに感服した。

京都府の属官森本某がかつて官吏の心得をきいた。先生がいうのには「親が与える錦よりも、隣人のボロ縞が欲しく思われることがある。」と、属官はなるほどと合点して帰った。これは官吏の収賄

西周、山本覺馬先生の心友

をいましめたのである。

明治十年ごろに木戸孝允が一記者を遣わして先生の意見を公にしてもらいたいといった。先生は「自分の忌憚のない意見をのべたら、すぐ捕縛禁錮だ」といってカラカラと笑ったという。この一言で先生の過激な急進主義がうかがわれ、また当時政府の言論抑圧の甚しかったことも察せられる。

明治の初め先生は牛乳の効用を説いて、一般に飲用を勧めたが、人びとは皆いやがった。先生は苦心考慮の末、明石の医家を説得しその宣伝に努めさせ、同時に府の急進派の頭目槇村参事に実践躬行の手本を示すことを勧めた。さすがの槇村も色が黒くなるといって飲まなかったから、先生は西欧の風習を話し、西洋には牛乳風呂さえあり、牛乳は色を白くし、肌のきめを細かにすると諭された。負けん気の槇村はそれではと毎朝鼻をつまんで飲み始め、とうとう一般に普及するようになった。

先生の友だちの中で最も親密だったのは西周で、西は論説を翻訳起稿の度ごとに、それを原稿のまま先生の許に送って先生の参考に提供し、意見を求めた。それから神田孝平、勝麟太郎、榎本武揚らがその次で、先生が最も尊敬せられたのは佐久間修理（象山）であった。先生はかつて象山に師事されたが、いつもその人となりを激賞し、当代随一の俊傑だといっていた。象山が木屋町で刺された時まっ先にかけつけたのは実に先生であったが、もはやどうにもならなかった。象山についで横井小楠、勝海舟を賞揚し、三傑と称賛していた。殊に象山には旧師に対する思慕の情深く、常にそのなつかしい気持ちを詩にたくして朗吟せられた。

愚忠見機暗　掟犯煩吏官　緩典免斧鉞　旧閭得放還　五歳守土室　伏蟄却五官　有琴敢不鼓
有酒敢不飲　山河亦開歳　草樹漸滋繁　幽居節物遅　春花未解言　妖気日既暗　乾坤殆存半
是切遇憂時　幸得同志援　終搆譲位思　又発過分事　感激甘罪譴　欲求通天体　士固一丈夫
何忘失其頭　生命苟裨益　九死非所難

佐久間象山　作

愚忠見機暗　愚忠機を見るに暗く
掟犯煩吏官　掟犯吏官を煩はす
緩典免斧鉞　緩典斧鉞をまぬかれ
旧閭得放還　旧閭放還を得たり
五歳守土室　五歳土室を守り
伏蟄却五官　伏蟄五官をしりぞく
有琴敢不鼓　琴あるも敢えて鼓せず
有酒敢不飲　酒あるも敢えて飲まず
山河亦開歳　山河亦歳をひらき
草樹漸滋繁　草樹ようやく滋繁す
幽居節物遅　幽居は節物おそく
春花未解言　春花は未だ言をとかず
妖気日既暗　妖気日既にくらく
乾坤殆存半　乾坤ほとんど半を存す
是切遇憂事　是切憂事に遇う
幸得同志援　幸に同志の援を得
終搆譲位思　終に譲位の思いを搆《かま》う
又発過分事　又ひらく過分の事
感激甘罪譴　感激す罪譴の甘きに
欲求通天体　欲求天体に通ず
士固一丈夫　士もとより一丈夫
何忘失其頭　何ぞ其の頭を失うを忘れんや

生命苟裨益　　生命いやしくも裨益せば　　九死非所難　　九死、難ずる所にあらず

詩中「幸得同志援」とあるのは象山が梁川星巖によって上奏したことを指すのだと先生は語られた。

象山が京都にいた時の書類一切は、遺言によって先生が保管しておったが、残念なことに火災のために一つも残っていない。

先生の刀剣鑑定は妙神の域に入り、めったに、過たれることがなかった。晩年刀剣鑑定を楽しみとされ、人びとは争って先生の鑑定を頼んだが百発百中で、その道の専門家が舌をまいたほどであった。先生は「物は皆新しいのがよいが刀剣だけは必ずしもそうでない。今後科学が進歩し、同一の合金で鍛錬すれば昔と同じ刀剣ができるはずだが、これを鍛冶する人の精神気魄によって特質が生じるのだから、その人がなくてその刀剣があるということはない。だから将来刀剣は国宝だから大切にしなくてはならぬ。」といましめていた。だから先生は客が刀剣を持参すると喜んで迎え、盲目にかかわらず、わずかに指を刀身に触れ、スッと軽く引いて、備前物何某作、粟田口の誰と、有銘無銘ともに言い当てそれを楽しみとしていた。

先生は雅号を相應斎といったが風流韻事で文人雅客などと讃えられることを好まなかった。

常に「ぶるな」「がるな」「らしくなせ」「ぶるを卑め、がるを禁ぜよ」「らしくあれ」「事はなせ、なすは尊い」といわれた。

弟子が集まって正月には新年の宴会を催すと、そのとき先生は必ず感話を試みた。学務課長の三宅五郎三郎がその会に来て演説し、「山本先生の国法論も古くなってきき飽きた。お年を召されて困っ

であった。

たものだ。」といった。すると先生は「若い者の年寄ったのはなお困る」といい返えされ、満座大笑いであった。

泥棒のよくきたころ、用心には鉄砲を用意せよ、忍びこむような時は空鉄砲をうて、弱いから賊がくる、鉄砲を所持せよといわれた。

先生は柿が好きで、裏に柿の木を植え、床の間には柿の軸物をかけられた。

山本覺馬年譜

この年譜は本伝すなわち、青山霞村の①『山本覺馬』を底本としつつ、次にかかげる諸文献、資料によって校訂編集したものである。

倉皇のうちにまとめたので、なお渉猟の及ばない憾が多く、かつ検討を要する箇所も二、三にとどまらないが、補遺篇の遺漏を補い他日の山本覺馬の伝記編集の一助と思って編集し収録した。なお本年譜の作成には同志社大学大学院文学研究科山本幸規氏の労をわずらわした。（杉井六郎）

各記事の末尾に付した番号は底本①以外の次の諸文献、資料（巻、号）を示す。

〔略　　伝〕②濱岡光哲朗読　山本覺馬翁略伝

〔史籍協会本〕③『会津藩庁記録』④『木戸孝允日記』⑤『木戸孝允文書』⑥『百官履歴』

〔京都府関係〕⑦京都府庁文書　⑧『明治十二年京都府会議録事附日誌』及び『明治十三年京都府会議録事』

〔伝　記　類〕⑨『象山全集』⑩『西周全集』⑪『西周全集補巻一』⑫『海舟日記』⑬『会津守護職始末』

〔同志社関係〕⑭『史料彙報』⑮『改訂増補新島襄詳年譜』⑯同志社教会文書　⑰『同志社ローマンス』⑱『同志社校友同窓会報』⑲『基督教新聞』

〔宣　教　師〕⑳『七一雑報』㉑M.L.Gordon; Thirty Eventful Years, 1869-1899. ㉒宣教師レポート　ABCFM Micro-Film ㉓平安教会文書

〔諜 者 報 告〕㉔「諜者豊田道二報告」(『キリスト教社会問題研究』二〇号所収）㉕「諜者小池詳敬報告」(『キリスト教社会問題研究』二一号所収)

〔年　　表〕㉖『京都府百年の年表　商工篇』㉗『京都府百年の年表　教育篇』

年号（西暦）	年令	月	日	山本覚馬関係記事	関連記事
文政十一（一八二八）	一	一	十一	会津藩・黒紐席・山本権八の長男として、城内土居の内屋敷に生れる。母はさく。初め義衛と称し、後良晴と改む。（②では一月十六日とあり、⑯「同志社教会々員姓名録」には文政十二年一月十二日とある）。	
天保三（一八三二）	五			この頃、唐詩選の五言絶句を暗誦する。	天保五・五　槇村正直生れる。（⑥） 天保十四・一　新島襄生れる。（⑮）
天保七（一八三六）	九			この年、藩校日新館に入り文武を講習する。（②）	
嘉永三（一八五〇）	二三			武田斐三郎、勝海舟らと佐久間象山の塾に入る。（⑨Ⅴ）	嘉永三・七　佐久間象山江戸で開塾。（⑨Ⅰ）
嘉永四（一八五一）	二四			弓馬槍刀の師伝を得、藩主より賞を受ける。（②）	
嘉永六（一八五三）	二六			江戸に出て大木衷城に蘭学を学ぶ。江川坦庵、佐久間象山、勝海舟を訪い、洋式砲術の研究を深める。（②）	嘉永五・閏二　会津藩主松平容保襲封。（⑬）

安政三（一八五六）	二九			会津に帰る。日新館教諭となる。②	
				会津藩蘭学所を設置、教授となる。②	
				守旧派批判により、一年間の禁足に処せられる。②	
文久三（一八六三）	三六	十一	二〇	会津藩の軍事取調兼大砲頭取十五人扶持。席次は祐筆の上席となる。②	文久二・閏八　松平容保京都守護職となる。十二、上京し黒谷金戒光明寺を宿館とする。⑬
				「守四門両戸之策」を著わし海防を論ず。	
元治元（一八六四）	三七	二		藩主松平容保の上洛に伴って京に入る。②	元治元・二　松平容保陸軍総裁職（後、軍事総裁職）となる。四、軍事総裁職を免ぜられ、再び京都守護職となる。⑬
		六		しばしば佐久間象山を訪い、時勢を論ず。⑨	
				このころ洋学所を開いて諸藩士に教授する。	

年号	年齢	月	日	事項	関連事項
		七	十八	蛤御門の変（禁門の変）に際し、会津藩砲兵隊を率いて奮戦、翌日さらに天王山を攻める。（②、③） 功により公用人に挙げられる。（②） 眼疾を患い、清浄華院で療養する。（②）	元治元・七　佐久間象山、京都木屋町で暗殺さる。（⑨）
慶応二（一八六六）	三九	七	五	勝海舟より金子五百疋贈られ佐久間象山の遺児・格次郎の世話をたのまれる。（⑫Ⅰ）	慶応二・七　将軍徳川家茂没。 慶応二・九　西周、津田眞道ら上洛。（⑩Ⅲ）
		七	二四	藩主の使いとして勝海舟を訪う。（⑫Ⅰ）	慶応二・十二　徳川慶喜征夷大将軍となる。
		九	二八	勝海舟を訪い、時勢を論ず。（⑫Ⅰ） この年、海舟の紹介で西周と相知り、西について教育のことをきく。	
慶応三（一八六七）	四〇	十一	二九	西周塾の塾生退塾問題を周旋する。（⑪）	慶応三・十　徳川慶喜大政奉還上表を朝廷に提出する。
		十二		将軍徳川慶喜の下阪に伴い、会津藩はじめ諸藩士、大阪へ	慶応三・二　西周、四条大宮西入更雀寺に私塾を開設す。

年	年齢	月	日	事項	関連事項
				向うが、覺馬は京に留まる。	（⑩Ⅲ）
明治元（一八六八）	四一	一	三	鳥羽伏見の戦いが始まり薩軍に捕えられ、同藩邸に幽閉される。②	慶応四・一　松平容保、江戸に帰還。二、輪王寺宮に徳川氏の赦解を請願し、即日致任し、会津に帰る。⑬ 慶応四・閏四　京都裁判所を京都府と改称。長谷信篤を知事に任ず。㉖ 慶応四　九月八日、明治と改元する。 明治元・九　京都府、小学校設立計画を布達。㉗ 明治元・十　会津落城し、容保は東京で因幡藩に幽閉され（十二）、後永預となる（十二）。⑬ 明治元・十一　京都府、小学校設立奨励を告諭。㉗
		三		「時制之儀ニ付拙見申上候書付」を著述する。	
		五		「管見」を著述し、六月薩摩藩主に差出す。	
				この年仙台藩邸内の病院に移され、ここで岩倉具視と相識る。②	
明治二（一八六九）	四二			この年、京都府顧問となる。②	明治二・四　京都府、勧業方を設ける。㉖ 明治二・五　京都府、上京二七番組小学校開校。（日本最初

明治三（一八七〇）	四三	三	二八	京都府兵部省食客山本覺馬の採用願を弁官に提出する。⑦	の近代的小学校）。㉗ 明治二・十　槇村正直、京都府権大参事に任ぜられる。⑥ 明治二・十一　松平容保、華族に列せられる。⑬ 明治二・十二　松平容保、和歌山に遷される。⑬ 明治三・一　京都府、物産引立所設立。㉖ 明治三・十　京都物産引立総会社、陶工を童仙房に派遣し陶窯を開設。㉖ 明治三・十一　京都府、洋学所独逸学校を設立する旨達し、入学生を募る。㉗ 産業振興のためプロシャ人ルドルフ・レーマンを招く。舎密局仮局設置。窮民授産所開設。㉖ 明治四・一　京都府、製革場を高瀬川七条坊に仮設。（十二、上桂村に移転 ）㉖
		四	十四	弁官の許可があり京都府に採用される。⑦	
		四		京都府に登庸され開物勧業を伝習す。㉖	
明治四（一八七一）	四四			木村教治郎・河野禎造と図り府に勧めて洋法製革場を設ける。十二月、桂川西岸に工場	

増設。

この年、物産引立所から、ドイツの汽船購入を依頼される。

明治四・二　京都府、勧業場を河原町二条下ルに設ける。(㉖)

明治四・三　京都府、洋学所を勧業場内に移転し欧学舎と改称する。英学校開設。(㉗)

明治四・四　京都府養蚕場を開く。(㉖)

明治四・七　京都府、童仙房開拓事業を府直営から、民間へ奨励する。(㉖)

明治四・九　槇村正直京都府大参事となる。(⑥)

明治四・十　京都博覧会を西本願寺書院において開催(〜十一月)。(㉖)、京都府療病院設立の意義について告諭。(㉗)

明治四・十一　京都博覧会会期終了に伴ない、三井・小野・熊谷等京都博覧会社を設立。(㉖)、槇村正直京都府参事となる。(⑥)

明治五（一八七二）

四五

十一

府立病院の開院式に臨み、祝辞を読む。

博覧会のための英文案内記を書く。

オーストリアで開催される万国博覧会の出品目録をとりまとめる。

京都博覧会遊覧中の宣教師ギューリック、ベリーらに会う。（㉑）

ギューリックに岩倉使節の帰国後に外国人の内地旅行緩和を予告。（㉔）

諜者小池詳敬に西京異徒（京都におけるキリスト教信徒）として報告される。（㉕）

この年から足を病む。

明治五・一　京都府、童仙房開拓地で陶器窯を築造した清水亀七、洋製敷瓦焼を製造した清水六兵衛を表彰。舎密局分局を設ける。京都物産引立総会社、京都物産引立会社と改称され、民営となる。（㉖）

明治五・二　京都博覧会開催に当り、外国人入京規則を定める。（㉖）、京都府、産業振興のため、鴨河東に牧畜場開設。（㉗）

明治五・三　第一回京都博覧会開催（～五月）。（㉖）

明治五・四　京都府、女紅場（英人ホーンビイ・エヴァンスが英学を、妻エミリーが女紅を教授。まず華士族の子女七、八名が入学。同日「女紅場規則」を制定）新英学校開校。村上勘兵衛ら集書院設立のために、各百両を寄付し、集書会社設立の願書を提出。（㉗）

年	年齢	月	日	事項	関連事項
明治六（一八七三）	四六	八		小野組転籍事件による京都府参事槇村正直の東京拘禁に関してその釈放のため、妹八重に付添われ上京、（十二月まで滞在、奏功する。）征韓論議のさなか、岩倉具視、木戸孝允、江藤新平の間を奔走する。	明治五・五　福澤諭吉「京都学校の記」。㉗ 明治五・九　集書館開設。㉖ 明治五・十　京都府、プロシャの商社から製紙器械を購入、梅津村に製紙場建設着手。プロシャ製器械により活字組立て開始。㉖、京都府、下京第一五区、太政官令の「娼妓解放・人身売買禁止令」に呼応して、婦女職工引立会社取立願書・会社規則を上申。㉗ 明治五・十一　京都府、青蓮院に仮療病院設置、開院式を行う。㉗ 明治六・三　第二回京都博覧会を開催（～六月）。京都府、遊所婦女職工引立会社・遊廓女紅場を開設。㉖ 明治六・六　京都府集書院、営業開始。（集書会社が営業を委託される）㉗ 明治六・七　京都府、英人ア
		八	三一	木戸孝允を訪問、「当世の形情	

明治七（一八七四）	四七		
			を談論」する。（④Ⅱ）
		九	四	木戸孝允を訪問、福澤諭吉等と「時勢を慨歎」する。（④Ⅱ）
		九	十六	山本覺馬の宿を訪問した木戸と深夜十二時の座談に及ぶ。（④Ⅱ）
		九	二一	木戸孝允を訪問。（④Ⅱ）
				この年、『百一新論』出版についてしばしば西周を訪問する。（⑩）
		三		山本覺馬蔵版として西周の『百一新論』出版され序文を書く。（⑩）
		六		このころ槇村正直の辞表提出につき、國重正文らと慰留、覺馬は槇村の知事就任を望む。（木戸孝允書簡林友幸宛六月十七日付）（⑤Ⅴ）
		七	二〇	木戸孝允を訪問時事を談論す

ーネスト・ウェットン夫妻を雇い、女紅場教師とする。（㉗）

明治六・八　京都府舎密局、事業を拡大し、夷川土手町に新設。（㉗）

明治六・十　今立吐酔（グリフィスの門人）京都府学務課出仕となる。（㉗）

明治六・十二　京都府、向島村に伏水製作所開設。（西洋器械による鉄具・銅線・水車等製作）（㉖）

明治七・四　第三回京都博覧会開催（～六月）。婦女引立会社を女紅場と改称。（㉖）

明治七・六　京都府、織工場開業。（日本最初の洋式織機運転）（㉖）

新英学校を英女学校と改称。（男子学生は英学校に吸収）（㉗）

明治七・十　京都府、粟田口

				る。木戸より槇村の「身上の事」を聞く。（④Ⅲ）
明治八（一八七五）	四八	二	十九	入洛中の木戸孝允覺馬を訪う。（④Ⅲ）
		三	十五	ゴルドン一、二カ月の京都旅行計画をボストンに報ず。（㉒）
		四		ゴルドン上洛し、山本覺馬に『天道溯原』をおくる、槇村正直と三人でキリスト教について討論する。（㉑）
		四		大阪での学校設立計画に失敗し、上洛した新島襄と面会、京都に学校を設立することを勧める。（⑮）
		六	七	新島襄の訪問をうけ、学校設立について相談。覺馬の所有地（旧薩摩藩邸跡）を学校敷地として譲ることにする。（⑮）
		六	三〇	この頃より、新島、覺馬宅に同居す。（⑮）

の療病院を現府立医大の地に、医学所とともに新築する。（㉗）

明治七・十一　京都府、女紅場を英女学校と改称。（㉖）

明治八・二　文部省、京都司薬場設立を達す。京都府、博物館の意義について告諭し、博物館事物類集票を制定。（㉗）

明治八・三　第四回京都博覧会開催（～六月）。島津製作所創業。（理化学器製造）（㉖）

年	年齢	月	日	事項	関連事項
明治九（一八七六）	四九	八	二三	新島とともに結社し「私学開業願」（連署）を、京都府知事に提出す。（九月四日、文部省認可）（⑮、⑭Ⅴ）	明治八・七　槇村正直、京都府権知事となる。（⑥） 明治八・十一　京都府、舎密局付属として、南側夷川下ル実験場内に染殿を設置。（人造染料による色染法を教授）また京染場（実物染工場）を付設し、一般商家の求めに応ずる。（㉖）、新島襄博物館掛解任される。（㉗） 明治九・一　京都府、梅津にパピールファブリック操業開始、西洋紙を製造発売。（㉖） 明治九・三　第五回京都博覧会開催（～六月）。（㉖） 同志社英学校、ラーネッド、
		九	二二	デビス雇入願書に新島と連署する。（⑭Ⅴ）	
		十	十五	妹・八重（女紅場舎監）、新島と婚約する。（⑮）	
		十	二一	デビス家族柳原邸に居を定める。（ギューリック書簡）（㉒）	
		十一	二九	新島の仮寓で開かれた同志社英学校開設の祈祷会に、デビス、学生と共に出席す。（⑮）	
		十一		「同志社仮規則」に新島と連署す。（⑭Ⅴ）	
		一	二	妹・八重、デビスより洗礼を受ける。（⑮、⑭Ⅱ）	
		一	三	妹・八重、デビスの司会の下に新島と結婚式を挙げる。（⑮）	
		六		「同志社規則」に、新島と連署す。（⑭Ⅴ）八月七日、府に	

				提出。（㉗）	テーラー雇入。（㉗）
		九	十八	旧薩摩藩邸に落成した新校舎の捧堂式が行われ、新島、ラーネッドらと共に演説す。（⑮）	明治九・五　京都府、英女学校を女学校と改称。同時に女紅場は勧業課、女学校は学務課の管轄とする。（㉗）
		十二	三	新島の仮寓に京都第二公会が設立され、母・さく、娘・みね洗礼を受ける。（⑮、⑭Ⅱ、㉓）	明治九・九　熊本バンド（小崎弘道、金森通倫、浮田和民、海老名弾正ら）同志社に転入。（㉗）
		十二	二〇	米国医師テーラー雇入願書に新島と連署す。（⑭Ⅴ）	明治九・十　京都府、童仙房出張授産所開設。（㉖） 明治九・十二　京都集産局を開設、商品の陳列斡旋をはかる。（㉖）
明治一〇（一八七七）	五〇			一・二月のころ滞在中の木戸孝允、山本覺馬を訪問。	明治十・一　槇村正直、第二代京都府知事となる。（⑥）
		二		大津監獄に『天道溯原』等の書籍を差入れる。（⑮）	明治十・三　第六回京都博覧会開催（～六月）。（㉖）
		四	二三	スタークウェザー雇入願書に新島と共に署名す。（⑭Ⅴ）（五月二十一日許可される）	明治十・四　新島、同志社分校女紅場開業願を府に提出。（四・二八認可される）（㉗）

明治十一（一八七八）	五一	十二	十四	H・F・パーメリーならびにJ・ウイルソン雇入願書に新島と連署す。(⑭Ⅴ)	明治十・十一 古河太四郎、「京都府下大黒町待賢校瘖唖生教授手順概略」(日本最初のろう教育教授論）起草。(㉗) 明治十一・一 京都府、上京第一九区学区取締山田兵衛・訓導古河太四郎、盲唖生募集御願を府に提出。(従来の唖生に盲生も加えて一教室設立。その父兄への就学勧奨を願い出認可される)(㉗) 明治十一・二 京都府、ドイツ人ワグネルを雇用し、舎密局で百工化学、医学予科などを教授させる。(㉗) 明治十一・三 第七回京都博覧会開催（〜六月）。(㉖) 明治十一・四 京都府、盲唖学校を上京第二九区（元生糸改所跡)に仮設する旨達し、就
				この年の冬、京都府顧問を辞職す。(②)	
		三	十八	パーメリー、ウイルソン雇入不許可につき、「伺書」を新島と連署して提出する。(⑭Ⅴ)	
		六	七	米国医師テーラーの「寄留免状返納願書」を、新島と連署で提出する。(⑭Ⅴ)(テーラーは五月二十二日解約。⑮)	
		六		「同志社概則」に新島と連署す。	
		九	十六	同志社女学校、正式に開校。母さく、舎監となる。(⑮)	

明治十二（一八七九）	五二	三	二五	京都府会開設、三〇日、第一回府会（定員九五名）（～五月閉会）で議長に選出される。（⑧）	学を奨励。（㉗） 明治十一・五　京都府、仮盲唖院を開業する。（㉗） 明治十二・三　第八回京都博覧会開催（～六月）。（㉖） 明治十二・四　京都府、仮中学を京都府中学と改称し授業開始。盲唖院を府立とする。（㉗）
		六	二	ゴルドン雇入願書に、新島と連署す。（⑭V）（六月二六日、許可される。⑮）	
		六	十二	同志社第一回卒業式に列席。（⑳）	
明治十三（一八八〇）	五三	一	十三	H・F・パーメリー雇入願書に新島と連署して提出する。（⑭V）、（⑮では、一月十二日となっている）（六月五日、許可される。⑮）	明治十三・三　第九回京都博覧会開催（～六月）。（㉖） 明治十三・五　京都府会、地方税追徴の布達をめぐって槇村知事と衝突。（⑧）
		五		府会議長を辞職。（⑧）	
		六	二五	同志社第二回卒業式で「書生の心得」と題して演説する。（⑰、⑳）	

		九	二五	寺町四条浄教寺で同志社学生と演説会を催し、「弾道の道理」と題し演説。（⑰、⑳）
		十	十七	第二次同志社学術演説会で「人間の四務（金銭、知識、身体、徳義）」と題し演説、聴衆七百余名。（⑰、⑳）
明治十四（一八八一）	五四	一	一五	同志社演説会あり「統計表論」と題し演説す、聴衆三百五十名。（⑰、⑳）
		五	一四	第一回京都教育会に、新島と共に出席する。（参加者約二百名）（㉗）
明治十五（一八八二）	五五	一	六	グリーン雇入の願書に新島と連署する。（⑭Ⅴ）（二月六日許可される。⑮、⑭Ⅰ）

明治十四・一　北垣國道、第三代の京都府知事となる。京都府、舎密局・染殿・伏水製作所を明石博高に払下げる。（㉗）

明治十四・三　第十回京都博覧会開催（～六月）。（㉖）

明治十四・五　同志社の教師生徒、耶蘇教大説教会を四条北座で開催。（弁士、新島、浮田ら二一人、聴衆約四千人）（㉗）

明治十五・二　集書院、利用者減少のため閉鎖。（㉗）

明治十五・三　第十一回京都

明治十六（一八八三）	五六	二	一四	同志社雇入教師グリーンの転居ならびに女子出生の名前届出につき新島と連署し、府知事に提出する。（⑭Ⅰ）	博覧会開催（〜六月）。（㉖） 明治十五・十一　新島、「同志社大学設立之主意之骨案」「同志社学校設立の由来」を起草。（㉗）
		二	一五	山本覺馬宅で「同志社々則」四カ条を制定し、新島を校長に選出する。（⑮、⑭Ⅰ）	明治十六・三　第十二回京都博覧会開催（〜六月）。（㉖）
		四	九	新島、中村榮助、伊勢時雄ら来訪し、看護婦学校のことについて協議する。（⑮）	
		十	一	新島、濱岡光哲、中村と四人の連名で府下の常置委員に対し、大学設立発起人の依頼状を送る。（⑮）	
明治十七（一八八四）	五七	一	一九	同志社大学設立発起人（十七名）に名を連ねる。（⑮）	明治十七・二　京都府知事、商業学校設立のことを商工会議所へ諮問。（会頭高木文平・濱岡光哲・田中源太郎ら賛意を上申かつ設立を請願）（㉗）
		四	一	京都商工会議所において、京都府下七十余名の有志に新島襄らと大学設立の主旨を発表。「今の日本に同志社英学校の如き主義を取れる大学の必要	

年	年齢	月	日	事項	関連事項
				なる」ことを説く。(⑮)	
明治十八（一八八五）	五八	四	四	新島と明治専門学校設立発起人として理事委員を選定。夜、新島の渡欧送別会に、夫人と共に出席。(⑮)	明治十八・一　同志社女学校修身科を設け、教科書に聖書使用を届出る。（許可をめぐり、文部省へ伺う）(㉗)
		四	五	同志社の校長代理となる。(⑭I)	明治十八・六　琵琶湖疏水工事起工。
		六	二五	同志社女学校卒業式に証書授与す。(⑮)	
		六	二六	同志社英学校本科生に証書授与す。(⑮)	
		六	二七	同志社英学校余科生に証書授与す。(⑮)	
		一	十五	「同志社女学校修身科加入上申書」を校長代理として京都府学務課に提出。(⑭V)	
		五	十七	京都第二公会に於て宣教師グリーンから洗礼を受ける。(⑯、㉓)「同志社教会々員姓名録」には授洗者の明記はない。(⑯)「京都第二公会姓名録」は山本	

年号	年齢	月	日	事項	参考事項
				覺馬の年令は「五十五年四月」とあり、なお同日妻山本時榮(ママ)もグリーンより洗礼を受けるとある。(㉓)	
		五		京都商工会議所会長に就任、十二月辞職。	
		六	二一	次女山本久枝洗礼をうける。(㉓)	
		十二	十八	同志社創立十年記念会に駕篭のまゝ、壇上にはこばれ「学芸教育」と題し蘭学者の苦心談を演説す。(⑰)	明治十八・十二　新島帰国し同志社十周年記念会を催す。(⑮)
明治十九（一八八六）	五九	一	三〇	「歩兵操練科設置願」に、新島、中村と連署し、文部大臣森有礼に提出する。(⑭Ⅰ)	明治十九・五　京都商業学校開校。(㉗) 明治十九・十二　同志社英学校、余科を廃止し、神学専門科を置き、英語神学科・邦語神学科に区分する。(㉗)
		五	二二	京都商業学校開校につき、商議員の一人となる。(㉗)	
明治二〇（一八八七）	六〇	六	二三	新島、仙台宮城英学校（東華学校）開校式のため旅行中校長代理として、卒業証書を授与する。(⑭Ⅰ)	明治二十・八　同志社予備校設立。(㉗)

		十	四	山本覺馬宅で京都看病婦学校を同志社看病婦学校と改める件につき、新島・中村・伊勢来り談合する。⑮	
		十一		娘久枝と徳富健次郎との婚約破談になる。⑮	
明治二一（一八八八）	六一	一	九	新島・伊勢・中村・松山高吉と連名で、小崎弘道・宮川經輝・大澤善助・湯淺治郎を同志社々員に推薦する。⑮（二月二七日付で、府知事に届出る。⑮）	明治二一・三　新島、明治専門学校開設のため東京富士見軒に設立相談会を開催。河原町三条の京都クラブでも開催。㉗
		三	二三	新島と連名で明治専門学校設立のよびかけをなす。⑮	明治二一・十一　新島、「同志社大学設立の旨意」。㉗
明治二三（一八九〇）	六三	一	二三	新島、大磯で没す（四八才）。覺馬、同志社臨時総長に就任。	明治二二・七　第三高等中学校に法学部設置。㉗ 明治二二・九　同志社社長を総長と改称（新島就任）。㉗ 明治二二・十二　盲啞院、市に移管され市盲啞院と改称。㉗ 明治二三・四　琵琶湖疏水完工。㉖

				（⑮）	
明治二五（一八九二）	六五	十二	二八	自宅で死去。	明治二三・九　同志社、波理須（ハリス）理科学校設立（翌年四月開校）。（㉗） 明治二四・九　同志社政法学校仮開校。（㉗） 明治二四・十二　市盲唖院、「訓唖点字」採用。（㉖） 明治二五・三　同志社通則廃止。総長を廃し社長を置く。小崎、社長兼校長に就任。（㉖） 明治二六・十二　松平容保没。（五八才）（⑬）
		十二	三〇	同志社チャペルで葬儀を執行す。司会中村榮助、説教小崎弘道、履歴朗読濱岡光哲、若王子墓地に葬る。（⑲四九三）	
大正四（一九一五）		十一	七	従五位を追贈される。	
昭和三（一九二八）		十二	二〇	青山霞村（嘉二郎）編『山本覺馬』刊行される。（⑮）	
昭和四（一九二九）		一	二七	同志社公会堂にて山本覺馬翁追悼会が、同志社校友会主催で午後一時より開催される。引続いて午後五時三十分より京都ホテルにて記念晩餐会が開かれた。午後七時より同志社公会堂にて西田直二郎、新	

城新藏両博士や林権助男爵によって記念講演会が開催された。(⑱二八号)

〔著者紹介〕

青山霞村（あおやま かそん）

1874（明治7）年～1940（昭和15）年。京都生まれ。本名嘉二郎。同志社大学中退後 渡米しスタンフォード大学に学ぶが、病のため帰国。1914年『京都新聞』を経営、1925年には『同志社50年史』の編纂に従事するなど主として ジャーナリズムの世界で活躍した。1901年頃から口語詩、口語歌を試作し、1906年には我国最初の口語歌集『池塘集』を刊行、1911年には口語詩集『草山の詩』を刊行する。短歌雑誌『からすま』主宰。著書に『深草の元政』『元政上人伝』『香川景樹』などがある。

山本覚馬伝

2013年2月20日 第1刷発行

原　著　青山霞村

発行者　宮下玄覇

発行所　株式会社宮帯出版社
京都本社 〒602-8488
京都市上京区寺之内通下ル真倉町739-1
営業（075）441-7747　編集（075）441-7722
東京支社 〒162-0053
東京都新宿区原町1-20
電話（03）6457-6086
http://www.miyaobi.com/publishing/
振替口座 00960-7-279886

印刷所　モリモト印刷株式会社
 ISBN978-4-86366-873-7 C0023